▶ 广播影视艺术辅导系列丛书

第 2 版

ARTISTIC TALENT AND TECHNIQUE OF EXPRESSION

艺术才能与表现方法

李南 编著

南京师范大学出版社
NANJING NORMAL UNIVERSITY PRESS

图书在版编目(CIP)数据

艺术才能与表现方法 / 李南编著. — 2 版. — 南京：
南京师范大学出版社, 2011.11
(广播影视艺术辅导系列丛书)
ISBN 978-7-5651-0045-1/G·1726

Ⅰ.①艺… Ⅱ.①李… Ⅲ.①表演艺术-高等学校-入学考试-自学参考资料 Ⅳ.①J812.2

中国版本图书馆 CIP 数据核字(2011)第 226296 号

书　　名	艺术才能与表现方法(第 2 版)
编　　著	李　南
责任编辑	趴　琦
出版发行	南京师范大学出版社
地　　址	江苏省南京市宁海路 122 号(邮编:210097)
电　　话	(025)83598077(传真)　83598412(营销部)　83598297(邮购部)
网　　址	http://www.njnup.com
电子信箱	nspzbb@163.com
印　　刷	镇江中山印务有限公司
开　　本	787 毫米×960 毫米　1/16
印　　张	12
字　　数	222 千
版　　次	2011 年 11 月第 2 版　2011 年 11 月第 1 次印刷
印　　数	1—1 500 册
书　　号	ISBN 978-7-5651-0045-1/G·1726
定　　价	32.00 元
出版人	闻玉银

南京师大版图书若有印装问题请与销售商调换

版权所有　侵犯必究

前　言

随着广播影视业的迅猛发展,社会对广播影视艺术专业人才的需求也在不断地增加,高等院校培养广播影视艺术与表演专业方面高素质人才的任务也紧迫起来。目前,我国的许多专业艺术院校和各级综合院校都纷纷开设此类专业,这使许多有艺术天赋的学生和有志于从事广播影视艺术的学生得到了进一步深造的机会,为此,各校也专门组织相关艺术专业的老师进行艺术加试,择优录取考生。

广播影视艺术专业在招生时,要进行面试,通过影视作品分析、现场评论、命题创作以及唱歌、跳舞、朗诵、表演等才艺展示,了解考生的艺术素养和潜质。这其中的一些考核内容是高中课程不曾涉及的,另一些考核内容需要广大考生强化专业技能的训练。本书的写作目的即是对考生进行针对性的系统强化训练。

《广播影视表演艺术》一书共分五章。第一章主要是为展示歌唱才艺的考生准备的,它包括歌唱的基本原理、声乐基本训练方法、歌曲演唱的风格和方法。通过学习,使考生对声音的形成和自身的发声器官有一定的认识;掌握演唱的姿势、呼吸、发声、咬字、吐字的要领以及体会歌唱共鸣的位置,使考生在学习的同时将这些经验和体会运用到实际演唱中去。在第一章的后半部分,我们列举了民族、美声和通俗唱法曲目共 34 首,供考生们演唱练习,每首歌曲都作了演唱提示,以便考生参考。

第二章以舞蹈表演为内容。这两年,报考艺术专业的考生中有不少以舞蹈为才艺展示的。为了帮助这部分考生,我们借用了芭蕾舞蹈的基本形体训练方法,考生们可以通过文字说明和图片进行对照,矫正形体动作和舞姿。在第二章后半部分,我们重点对汉族秧歌舞等 5 种民族舞蹈的一些典型舞姿进行介绍,同学们可以看图模仿,把握各个民族舞蹈的特点,结合所选的伴奏音乐,把一些动作组合起来,编排舞蹈。

　　第三章小品表演,内容有故事演讲、戏剧片断表演和小品表演。由于才艺展示的时间有限,每位考生的时间仅为几分钟,所以在"故事演讲"一节里,我们特意安排了13个篇幅短小、情节相对完整的故事供考生们做练习。考生在选择材料时也应该把握演讲时间,使自己的故事演讲相对完整。在戏剧表演方面,我们提供了大家比较熟悉的戏剧《雷雨》、电影《简·爱》等片断,大家可以参考一些录音剪辑做练习,揣摩角色的个性进行表演。"小品表演"一节,我们重点谈了如何选择小品和创作小品的素材,接着就如何表演作了论述。此外,我们安排了各种类型的练习,这些练习都是考试的常用类型。如单人小品、双人小品;感觉练习、道具练习、命题练习等另外还安排了单项练习。

　　第四章主要是为参加朗诵表演的考生准备的。这一章根据作品的题材分为诗歌朗诵和散文朗诵两部分。其中,诗歌13篇、散文12篇。在选择作品方面,我们既考虑它们的篇幅,又顾及作品所表达的情绪,使考生有多方面的选择和练习,以加强基础训练。对这些诗歌和散文,不需要花很多时间去记忆,只要对作品所表现的情绪和意境把握准确,就比较容易发挥出好的水平。每篇作品前或后我们都做了一点表演提示,帮助考生较快地进入朗诵意境,发挥出应有的朗诵水平。

　　最后一章是器乐表演。本章我们安排了一些器乐知识和乐器演奏的技能、技巧,供考生们参考。因为考试的时间有限,我们在这一章中推荐了一些演奏曲目。这些乐曲是根据目前各类乐器的普及程度而定的。希望考生在有限的时间里选择最能展示乐器特色和自己演奏水平的片断进行演奏。

　　《广播影视表演艺术》在编写过程中注意了系统性和实用性,紧扣高考的考试要求、考试心理和考试技巧,对学生进行有针对性的指导,力求帮助考生在考前事半功倍,金榜题名。

编者
2011年10月

目 录

前　　言 /1

第一章　歌唱表演

第一节　歌唱基本原理 /1

一、呼吸器官 /1

二、发声器官 /1

三、共鸣器官 /2

四、咬字吐字器官 /2

第二节　声乐基本训练方法 /3

一、歌唱姿势 /3

二、歌唱呼吸 /3

三、歌唱发声 /5

四、歌唱共鸣 /7

五、歌唱时的咬字、吐字 /9

第三节　歌曲演唱 /10

一、民族唱法 /10

1.《康定情歌》/11　　　　2.《太阳出来喜洋洋》/12

3.《小背篓》/13　　　　　4.《草原之夜》/14

5.《知道不知道》/16　　　6.《小河淌水》/17

7.《采槟榔》/18　　　　　8.《玛依拉》/19

9.《在那遥远的地方》/21　10.《送别》/22

11.《南泥湾》/23
13.《谁不说俺家乡好》/25
二、美声唱法 /26
1.《美丽的草原我的家》/27
3.《生死相依我苦恋着你》/30
5.《我的祖国妈妈》/33
7.《祖国,慈祥的母亲》/36
9.《我为祖国献石油》/39
三、通俗唱法 /42
1.《永远是朋友》/42
3.《军港之夜》/45
5.《山不转水转》/50
7.《信天游》/53
9.《龙的传人》/56
11.《我的中国心》/58

12.《弹起我心爱的土琵琶》/24

2.《打起手鼓唱起歌》/29
4.《多情的土地》/32
6.《今天是你的生日,中国》/35
8.《三套车》/37
10.《满江红》/41

2.《同一首歌》/43
4.《故乡的云》/46
6.《世界需要热心肠》/51
8.《是你给我爱》/54
10.《少年壮志不言愁》/57

第二章 舞蹈表演

第一节 形体基本训练 /60

一、基本脚位 /60
二、基本手法 /62
三、把杆基本动作训练 /64
四、舞台方位图 /69

第二节 民族舞 /69

一、汉族舞 /70
二、新疆舞 /74
三、藏族舞 /77
四、蒙古舞 /83
五、傣族舞 /86

第三节 舞蹈基本造型动作的编排 /90

第三章　小品表演

第一节　故事讲演 /96

1. 自相矛盾 /98
2. 狐假虎威 /99
3. 狐狸的歌声 /100
4. 笨狼上学 /101
5. 巧计脱身 /102
6. 选举新兽王 /103
7. 瞎子骗布 /104
8. 猫和老鼠 /105
9. 巧姑娘传话 /106
10. 弥天大谎 /106
11. 卖火柴的小女孩(节选) /107
12. 二十美金的价值(节选) /108
13. 银行家遇难时的最后一个电话 /109

第二节　戏剧片断表演 110

一、《雷雨》(片断) /111
二、《简·爱》(电影台词片断) /114
三、《原野》(片断) /116
四、《茶馆》(片断) /118

第三节　小品表演 /119

一、小品的选材 /120
二、如何表演小品 /122

第四章　朗诵表演

第一节　诗歌朗诵 /127

1. 沁园春·雪 /129
2. 天上的街市 /130
3. 乡愁 /131
4. 青春中国 /132
5. 我骄傲,我是中国人 /134
6. 雪花的快乐 /136
7. 无怨的青春 /137
8. 有的人 /138
9. 我愿意是急流 /139
10. 祖国啊,我亲爱的祖国 /140
11. 在山的那边 /142
12. 春天的后面不是秋 /143
13. 我为少男少女们歌唱 /144

第二节　散文朗诵 /145

1.《匆匆》/147
2.《白杨礼赞》(节选)/148
3.《第一场雪》/149
4.《济南的冬天》(节选)/150
5.《海燕》/151
6.《雪花飘啊飘》/152
7.《家乡的桥》/153
8.《可爱的小鸟》(节选)/154
9.《春》(节选)/155
10.《我有一个梦》(节选)/156
11.《火烧云》/157
12.《希望》(节选)/158

第五章　器乐表演

第一节　乐器的分类 /159

一、中国民族乐器 /159
二、西洋乐器 /161

第二节　器乐的演奏 /162

一、民族乐器 /162
二、西洋乐器 /169

附1：面试技巧 /173
附2：2009年全国部分高校影视艺术专业招生一览表 /177
后　　记 /182

第1章 歌唱表演

歌声能表情达意，直接抒发人的思想感情，它是有"内容"的乐音。在广播影视艺术与表演专业的才艺展示考核中，选择歌唱的考生占有相当的人数比例。为了帮助考生在这项考试中取得较好的成绩，我们向同学们介绍一些歌唱的基本原理、正确的歌唱姿势，以及推荐一些非声乐专业的学生能够演唱的优秀曲目。

第一节 歌唱基本原理

歌唱运动可以说是生理、物理、心理"三位一体"的行为。歌唱的发声器官是由呼吸器官、发声器官、共鸣器官和咬字吐字器官四部分组成，它们是歌唱发声的全部物质基础，是歌唱发声运动中的主要功能系统。

一、呼吸器官

呼吸器官，即"源"动力，是由口、鼻、咽喉、气管、支气管、肺脏以及胸腔、膈肌（又称横膈膜）、腹肌等组成。气息从鼻、口吸入，经过咽喉、气管、支气管，分布到左右肺叶的肺气泡之中；然后沿着相反的方向，再经过咽喉从口、鼻呼出。与呼吸系统相关的各肌肉群，它们的运动也关系到呼吸的能力，是歌唱"源"的动力和能量的保证。我们日常的呼吸比较平静，比较浅，用不着使用全部的肺活量，但歌唱时的呼吸运动就不同了，吸气动作很快，呼气动作很慢。如果遇上较长的乐句，气息就必须坚持住。而一首歌曲的高、低、强、弱、顿挫、抑扬等变化，也全靠吸气、呼气肌肉群的坚强和灵活的运动才能完成。

二、发声器官

发声器官，即发出声音的器官，包括喉头和声带。喉头是一个精巧的小室，位于颈前正中部，由软骨、韧带、肌肉等组成。声带位于喉头的中间，是两片呈水平状左右并列的、对称的又富有弹性的白色韧带,性质非常坚实。声带的中间又称声门,声带是靠喉头内的软骨和肌肉得到调节的。吸气时,两声带分离,声门开启,吸入气息;发声时,两声带靠拢闭合发生声音。声带在不发出声音的时候是放松并张开的,以便使气息顺利通过。声带发声,一部分是自身机能,一部分是依靠声带周边的肌肉群协助进行发声运动。我们在声乐训练的时候,应该充分注意到这些肌肉群的功能作用,合理地运用它们,养成良好的习惯,避免在不正确的发声习惯下唱坏了嗓子。在喉咙的上部与舌根之间,还有一块很重要的软骨,叫会厌。会厌的功能体现在两个方面:一是起到声门的保护作用。当我们吞咽食物和饮水的时候,它本能地自动盖住气管,避免食物通过时进入气管。我们往往有时不小心喝水"呛"了气,就是会厌动作不协调所致。二是歌唱的时候,会厌竖起,形成通道,让声音流畅地输出。

三、共鸣器官

人体的共鸣器官主要有胸腔、口腔和头腔三大共鸣腔体。胸腔共鸣腔体包括喉头以下的气管、支气管和整个肺部。口腔共鸣腔体包括喉、咽腔及口腔。头腔共鸣腔体包括鼻腔、上颌窦、额窦、蝶窦等。在歌唱中,由于音高的不同,使用这些共鸣腔的比例是有所不同的。一般来说,唱低音时,胸腔共鸣发挥最大,唱中音时口腔共鸣应用较多,而唱高音时主要是靠头腔共鸣发挥作用了。如果我们能正确、合理地运用好这些共鸣腔体,并相互协调配合好,就会获得圆润、悦耳、丰满、动听的歌声。

四、咬字吐字器官

咬字吐字器官(即语言器官)包括唇、舌、牙齿和上腭等。发声歌唱时,咬字吐字器官各组成部分的动作比平时说话要更加敏捷而夸张。敏捷是为了使咬字准确清晰,夸张是为了使美化的元音或韵母通畅地延长发挥。所以语言器官是我们在吐字咬字时的物质基础,也是我们学习吐字咬字时出声、延长和归韵的重要器官。

声音是歌唱的基础,要训练好声音进行歌唱,首先要了解所参与发声器官的构造和作用。歌唱运动的感觉远不如钢琴、小提琴训练的感觉来得容易,这就要求我们每个歌唱者要有敏锐的自我感觉,并在专业声乐教师的指导下反复训练,以形成条件反射去断定自己的声音是否正确,是否符合发声器官运动的基本规律。

还有一点要指出的是,上述各部分器官及它们的运动形式是以歌唱的生理学为基础,而这些器官的协调活动,则是在人体神经系统的调节与支配下完成的。身体的任何运动都受到心理的指挥或暗示,歌唱者的意志、情感、愿望及舞台感觉等,很大一部分与心理因素有关,有时候心理的制约因素甚至比发声技术更重要地左右着我们的训练,我们应该充分注意到心理的重要性,当我们在歌唱时,尤其在台上表演时,则需将注意力集中在歌曲的内容与情感上,以情带声,而不要把注意力分散在具体器官的位置及活动状态上。

第二节 声乐基本训练方法

一、歌唱姿势

姿势支持呼吸,呼吸支持发声。歌唱训练,首先要有正确的歌唱姿势,没有经过专业训练的人往往不够重视姿势,姿势的正确与否直接关系到发声时各个器官配合的协调,姿势正确了,发声各部分器官就能正常地工作。这好比我们的跑步运动员,赛跑时如果没有正确的跑步姿势,就会直接影响跑步的速度一样。正确的歌唱姿势是:

(1)身体自然直立,保持自然放松。这里的放松绝不是松垮、瘫软,而应呈现一种积极向上、精神饱满的状态。

(2)头部端正、胸部自然挺起,两肩略向后一点,小腹收缩,两臂自然垂落,全身有一种积极运动的状态。

(3)两脚稍分开,身体保持平稳,重心落在双脚上。

(4)眼神要自然生动。眼睛是心灵的窗户,因此在演唱中切记应当将眼睛张大一些,不要眯着眼或虚着眼唱歌。

(5)嘴巴是歌唱的喇叭,应当张得开,放得松,切忌紧咬牙关。

(6)歌唱时下颌收回,正确的感觉应该是仿佛由小腹到两眉之间形成一条直线,脖子和后背、腰部连成一线,这样才使气息畅通无阻。

(7)演唱时可根据歌曲的内在情感赋予适当的动作,但动作要简练大方,切忌矫揉造作。坐唱的姿势与站立时的要求一样,但要注意腰部挺直而不僵硬,也不要靠在椅背上;注意臀部不要坐满整个凳面,约坐1/3的面积;两脚稍分开,自然弯曲,不能跷腿坐,也不能两腿交叉叠起。

二、歌唱呼吸

掌握正确的歌唱呼吸是歌唱艺术的基础。由呼吸控制的歌声才是声乐,呼吸是歌唱的原动力。声乐界有"谁懂得呼吸,谁就会唱歌"之说,说明了呼吸在歌

唱中的重要性，它确实是歌唱者首先应该学会的一项基本功。

歌唱时的呼吸与日常生活中说话的呼吸是不大一样的。在日常生活中，人们通过说话交流思想感情，因为一般距离较近，所需音量就较小，气息较浅，不用很大的力度，也不用传得很远，而且我们说话连续用嗓时间长了，嗓音就容易疲劳、嘶哑。这种说话的呼吸若用于唱歌就显得不能胜任了。唱歌是为了抒发情感，歌唱时面对的是观众，要把歌声传至每个角落，因而声音既要有一定的音量，又要有一定的力度变化，要有长时间歌唱的能力，要能根据歌曲的需要，或长、或短、或强、或弱、或高、或低地有控制地输送气息。要做到这些，就不是简单的事了。所以歌唱时的呼吸作为一种艺术手段，有它自身特有的一套规律和方法，它是一项技术性问题，是后天训练出来的。

(一) 歌唱呼吸运动的过程

1. 吸气

用口、鼻垂直向下吸气，将气吸到肺的底部，注意不可抬肩，吸入气息时使下肋骨附近扩张起来，腹部方面，横膈膜逐渐扩张，使腹部向前及左右两侧膨胀，小腹则要用力收缩，不扩张。背部要挺立，脊柱几乎是不动的，但它的两侧却是可以动的，而且也是必须向下和向左右扩张的，这时气推向两侧与背后并贮存在那里，保持住然后再缓缓将气吐出。

2. 吐气

唱歌用气时，仍要保持吸气状态。这点很重要，就好比给自行车打足了气，不能一下子放松了。要保持住气息，就必须在唱的过程中永远保持吸气的状态，控制住气息徐徐吐出，要节省用气，均匀地吐气，这就是所谓气息的对抗。在呼和吸的过程中，要注意呼吸僵硬的感觉，整个身体表情都应该是积极放松的，紧张的部位就是横膈膜、两肋，两肋就像是一只充足的气球一样，我们要让声音坐在上面，往下拉，不能让气球往上浮起来，也就是说要把气息拉住，不能让它提上来，这就牵涉到一个气息支持点的问题。

(二) 歌唱呼吸的支持点

气息支持点就是指声音要有一个立足的地方，也就是以横膈膜及下肋两侧做支持点，当我们咳嗽或笑的时候，可以直接感觉到它的支持作用。没有经过呼吸训练的人，常常会出现唱歌时脸红脖子粗、青筋直暴、歌声僵直、高音上不去、低音下不来等情况，都是与气息支持点没有保持住有关。反之，若掌握了呼吸方法，有了支持点的感觉，那么，当我们歌唱发声时，便会感到声音仿佛落在我们所控制的气息上，也就是说声音是由呼吸来支持了，这种声音不但悦耳响亮，而且能强弱自如地做出各种变化来。

（三）歌唱呼吸的训练方法

我们在进行胸腹式呼吸时，呼吸气势的强弱、吐气的方法要根据所唱歌曲（或乐句）的不同要求有所不同。下面我们就介绍两种不同的呼吸练习法。

1. 缓吸缓呼

这是我们在训练和歌唱时常常采用的方法。就是胸腔自然挺起，用口、鼻将气息慢慢吸到肺叶下部，这时横膈膜下降，两肋肌肉向外扩张（也就是腰围扩张），小腹向内微收。这种吸气要求自然放松、平稳柔和地进行，就像我们去闻花的芳香时的感觉一样，闻花的感觉使我们吸气吸得深，就像做深呼吸运动一样，但吸气时不要用太大的力，只要轻轻地挺住胸廓和上腹部，然后慢慢呼气。呼气时，注意保持吸气状态，控制住两肋和横膈膜，也就是控制住了气息，使之平稳、均匀、持续、连贯地慢慢吐出。有一种感觉可以帮助我们体会呼气时下肋和横膈膜的保持状态：就是在缓吸后做慢慢地吹掉桌上的灰尘的动作，这里需要长长地吹气，也就是在做长音的呼气练习。我们常说："长音像吹灰，短音像吹蜡"，这就是一种吐气的感觉。

2. 急吸缓呼

急吸就是在很短的时间内，通过口、鼻迅速把气息急速而深入地吸到肺叶下部，并将气息保持住，然后，按照缓呼的要求而呼出。这是我们在演唱实践中经常要用到的，因为在歌曲的句与句之间、字与字之间的吸气不允许你有很长的停顿时间，往往采用"偷气"的办法来吸入，而且要吸得不让人发现，这就是急吸缓呼的动作。

为了培养呼吸的控制力，我们可以采取一些练习曲及歌曲中的某些乐句做带词的练习，效果较好。

三、歌唱发声

歌唱时的发声和说话时的发声不完全一样，说话式的唱歌或放大了的说话，都是不对的，这会没有色彩，不是音乐化了的发声。所以说话的发声是不能适应歌唱的需要的，我们必须讲究发声方法，帮助学唱歌的人把普通的声带磨炼能发出优美、动听、有持久力的、合乎科学方法的、有艺术感染力的声音来。

（一）喉头和声带的位置和状态

喉头和声带，是歌唱的发声器官，是歌唱的核心部位，是通向整体歌唱的要塞，是打开歌唱艺术宝库的金钥匙。因此，了解和搞清喉头与声带在歌唱时应处的位置和状态是非常必要的。一般来说，歌唱时喉头位置应该比平时说话时偏低一些（就像我们深吸气时的喉头感觉，因为吸气时的喉位比静止时的喉位略低一点），有很多人把喉头处于吸气时的位置称为"水平位"。在歌唱时，字与字、句与句的转换中，喉头要始终处于这一位置，而不应离开水平位移动。当然，喉头位置的稳定是在运动中的相对稳定,而不是僵死不动的稳定。就像浮在水面上的皮球永远稳定在水面上的道理一样,若把皮球比做喉头,皮球浮在水面的状态就好像喉头稳定在吸气位的状态一样。所以歌唱时的喉头位置应始终处于低而自如的稳定位置和喉头壁打开的状态。

(二)发声练习的方法

1. 打开喉咙

在歌唱训练中,"打开喉咙"是十分重要的中心环节,它直接影响到声音的好坏。"打开喉咙"也就是将喉头稳定在正确的位置上,口盖积极向上收缩成拱形,舌根放松,平放在下牙齿后,牙关打开,下巴放松自然放下而稍后拉,这时候的喉咙是打开的。那么如何能帮助初学者"打开喉咙"呢?以下是两种有效的方法。

(1)模仿"打哈欠"的状态。"打哈欠"状态可以让口腔打开,自然放松,口盖抬起,口腔内空间增长增大。所以在唱歌时,咽喉不要闭塞,要使咽喉张开,让气息自如地送出来。"哈欠"状态确实是打开喉咙的好办法,也使歌唱者保证了一个很好的演唱状态。在平时练习时,还可以用闭嘴的"打哈欠",闭口打哈欠的时候,里边的状态也是开的、抬的。如果在唱歌的时候都能保持这个状态的话,那你的声音就不会是"白"的、"扁"的了,而是"竖的"、"圆的"了。

(2)用"微笑"状态来打开喉咙。我们讲的"微笑"不是光笑,而是指把"笑肌"抬起来。"笑肌"抬起是要鼻、咽腔打开,牙关打开,面部两边的笑肌(颧骨)呈微笑状,这样的微笑状态可以使你的喉咙打开,获得高位置的声音。

"歌唱状态就是里边的哈欠,外头的微笑",这话很精辟。

2. 中声区的训练

中声区是唱歌的基础,没有良好的中声区,就谈不到其他的一切。我们应当重视中声区的练习,多在中声区下工夫,不要急于唱很高的音。练习时,我们先从中声区以中、小音量练习开始,经过相当一段时间的巩固以后,再慢慢向较高一点或较低一点的音域发展。初学者一定要遵循由易而难的循序渐进的原则,否则一开始就猛练高音,不但不能获得正确的高音,反而会毁坏声带。中声区应该靠前、明亮、轻松流畅、不费力,这样才能往上发展,为演唱高音打开通路。中声区的声音不要强求音量,而是要自然自如,要求音色优美和声音的灵活性。每个声部的重要音区都是中声区。中声区要做到吸气深、呼吸力求自然、有弹性、积极向上、有支持点,喉头稳定松弛,不论高、低音,喉头的感觉都在一个位置上,声音要往外送,但又要使声音从头到尾保持在同一音型和位置上。声乐老师常说的"声音要像穿珍珠一样,把每个音穿在一条线上"等,就是指声音要连贯、统一、圆润。

3. 换声区的练习方法

当你从低音往高音唱时,唱到一定的地方,就会感到困难,容易卡壳,这就是到了换声区了,这时,你必须运用某种方法才能继续往上唱。歌唱者首先应基本掌握换声区的唱法,然后因人而异地作具体调整。有几种方法大家可以实践一下:

(1)"倒抽一口气"的动作。就是歌者在唱到换声的音时(发元音的同时),做一个倒抽一口气的动作,好像"吓一跳"的生理状态,让喉头稍向下、向后退让,以使口咽腔充分打开,同时将中声区歌唱时向上齿龈背后发送的气息,随着音高逐渐向上挪动,嘴也随着逐渐张开,此时声音感觉更向上,向更远的前方发送。这时声音就自然地进入了换声区。

(2)母音转换手法。就是在唱到换声区的时候提前让声音掩盖一点,声音暗一点,出气量小一点,小舌头抬起一点。在碰到换声点时,有一点必须强调,就是当感到声音唱上去困难时,甚至声音感到要出现破音时,千万不要变化发声器官的形态,不要乱动、乱使劲,一定要坚持迎着声音唱下去。其实换声点就是一个"混声"的问题,就是真假声结合的问题。掩盖一些的声音就是有了假声的成分,但又不能全是假声,必须与真声混合在一起,声音的衔接才不会有痕迹,声音才不会虚和空。所以学会换声点的过渡也就学会了假声的唱法,而假声位置对唱歌、解决声音的统一是大有好处的。

4. 高音区的练习方法

高音区常常在作品的高潮中出现,有着激发听众情绪、振奋人心的力量。唱好了高音,会给整个演唱增添光彩。因此,具有响亮的、金属般的高音对歌唱者来说是非常宝贵的。在找到了自然声区,打好了中声区的基础,又掌握了换声区的技巧后,就可以进行高音的练习。唱高音时,两颧骨要更积极开放,整个歌唱状态要更加积极向上和兴奋。唱高音的方法是训练中的一个难点,要因人而异,采取适合自己的有效途径和方法。在不断训练、实践的基础上,才能找到感觉。

四、歌唱共鸣

歌唱的声音要有比较宽广的音域,要有相当响亮的音量,也要有表达歌曲感情的各种声音色彩。这些除了要靠正确的气息控制、正确的发声方法之外,更要靠正确掌握人体对发声的共鸣作用。共鸣所形成的声音质量变化,要比声带自身的发声能量大得多。当某个物体振动发出声响时,影响到周围其他物体的振动,从而增强了原物体振动的声响,形成了共鸣现象。歌唱的共鸣就是指歌唱发声时,由于气息冲击声带振动而发出的声音同时引起了人体内其他各共鸣腔体产生的共振的现象。由于共鸣时产生的泛音与声带发出的音组成复音,因此,它使声音得到了美化,达到洪亮、丰满、悦耳、动听的效果。人的声带是极短的振动体,它发出的声音是微小的,全靠人体许多天然的共鸣腔体(如胸腔、咽腔、头腔等)将它扩大,这些共鸣腔体可以调节声带所发声音的大小、明暗及音色上的变化,并能调整其高度。

(一)人体的共鸣腔体

人的共鸣腔体可以分成不可调节的共鸣腔和可以调节的共鸣腔。不可调节的共鸣腔包括胸腔、鼻腔、额窦和蝶窦等;可以调节的共鸣腔是指咽腔、喉腔、口腔,这部分共鸣腔体,可调节共鸣,上联头腔,下联胸腔,是个联络站。歌唱发声时,随着音的升高或降低的变化,应适当地调节那些可调节的共鸣腔体。一般来说,高音的共鸣区分布在头腔,低音的共鸣区分布在胸腔。但共鸣腔并不是孤立地来用,而是连成一体,即所谓"整体共鸣",胸、口、头腔共鸣混合使用。

在歌唱发声时,应用混合共鸣的方法,掌握好共鸣在各声区里的混合比例,使各共鸣腔保持一定的平衡,使声音获得良好的效果。唱高音时头腔共鸣应加强一些,口腔共鸣、胸腔共鸣也要有;唱中音时,声音要求圆润、流畅,口腔共鸣应多一些,胸腔、头腔共鸣也要有;唱低音时声音低沉、浑厚,以胸腔共鸣为主体,掺入口腔共鸣和头腔共鸣。这样才能在换声区发声时,不产生明显的痕迹。

在歌唱发声中,只有及时地调节各共鸣腔体才能使歌唱声音统一、圆润、饱满,音色优美,色彩丰富。

(二)歌唱共鸣的方法

要取得较好的歌唱共鸣,首先要注意发音器官各部分的协调配合,遵循渐进的原则,从中间往两头发展,即从口腔到头腔和胸腔,不能急于求成。下面我们简单介绍一下获得歌唱各种共鸣的方法。

1. 口腔共鸣

口腔共鸣是声音从喉咙发出后第一个共鸣区域,它是歌唱非常重要的部分,是胸腔共鸣和头腔共鸣的基础。发声时,口腔自然上下打开,笑肌微提,下腭自然放下稍后拉,上腭有上提的感觉。这样,声带发出的声波就随着气息的推送离开咽喉流畅向前,在口腔的前上方即硬腭前部(也叫硬口盖)集中反射而引起振动。这种口腔共鸣效果明亮、靠前、集中,易于和头腔取得联系,且可减少咽喉的负担,起保护声带的作用。口腔共鸣要有声音的"点"和"心"(即共鸣焦点),必须使口腔中的各有关部分如唇、齿、牙、舌以及相适应的咽、喉自然地松开,会厌轻轻抬起,以使咽、喉腔通畅,口腔壁、咽腔壁的肌肉积极坚硬,这样才会获得良好的共鸣效果。

2. 头腔共鸣

我们常常把头腔共鸣称之为头声。头腔共鸣是我们声音中最具有魅力色彩的成分。它使声音明亮、光彩、辉煌、穿透力强,尤其是男高音、女高音声部,头腔共鸣几乎决定了声音的质量。头腔共鸣是由于声音的频率引起了头部上前方的蝶窦空间的震动而产生的(蝶窦位于鼻孔上,是比较小的结构空间)。获得头腔共鸣必须先具有鼻腔共鸣、口腔共鸣，否则头腔共鸣是难以掌握的。当然，要取得良好的头腔共鸣是必须建立在正确的呼吸点、发声点和共鸣位置点这三者协调运动的基础之上。

3. 胸腔共鸣

胸腔共鸣在比较低的声部运用比较多，也常常在各个声部的低声区运用。实际上在我们每个声部的所有声区，都需要有胸腔共鸣的成分，只是比例多少的问题。胸腔共鸣的练习一定要注意松弛，千万不要过分地追求胸腔共鸣而去压迫喉头，把浓重的喉音误认为是胸腔共鸣。

（三）歌唱共鸣的训练

共鸣练习最好是用哼唱，即常说的"哼鸣"来练习。"哼鸣"时，如闭口打哈欠状态，双唇微微闭住，口腔内越空越好，鼻、咽腔打开，把气息的通道留得越宽越好，然后让气息顺利经过这些通道，沿着口腔的咽壁、鼻腔壁进入头部的蝶窦处，这时，感觉到声音向前、向上，体会到眉心在震动，从而发出较明亮集中的"哼鸣"声音。这个发出"哼鸣"的眉心处就是我们要找的头腔共鸣焦点。

为了使三个共鸣腔体有机地结合起来，形成歌唱共鸣的整体性，在训练时，还可以选择三个有连带关系的母音组进行练习。这种方法最大的好处是空间比较大，声音较能通畅地进入各个共鸣腔体。

五、歌唱时的咬字、吐字

声乐是一门音乐与语言相结合的综合艺术。语言是声乐的重要组成部分，歌曲的旋律只有在语言的基础上才有可能产生，语言直接、准确地传递着情感和思想感受，这是其他任何形式都不能与之相比的。因此歌唱语言的准确掌握运用，是歌唱技术的重要训练课程。

歌唱中的咬字，是指字头（声母）而言，即把字头的声母，按一定的发音部位和发音方法予以咬准。吐字是指字腹和字尾（韵母）而言，即把字腹的韵母，按照不同的口形予以延长吐准，并收清字尾。歌唱中咬字、吐字的一般规律是：

1. 字头要唱得短、轻、准

汉字的发音，大多是以辅音开头的，字头就是指发音的开头部分，即我们常说的"五音"：

唇音：b、p、m、f；

舌音：d、t、n、l；

牙音：j、q、x；

齿音：z、c、s、zh、ch、r；

喉音：g、k、h。

这五大类字头发音时，用力部位要分明，出口不能含糊。唇音字头用力部位在唇上,上下嘴唇喷口应清晰有力;舌音字头着力在舌尖;牙音字头用力部位在牙;齿音字头用力部位在上下齿间;喉音字头用力部位在喉。我们应充分运用"咬"字的技巧,来加强歌曲的感染力。

2. 延长字腹

字腹(韵母)是字在歌唱发音中的延长部分,它占时值较长,歌唱时响度最大,是字的主体部分,与发声的关系最密切,它需要延长,也能够延长。它对歌唱的好坏起着关键性的作用。延长部分按照字腹中不同韵母的口形要求,分为"齐、开、撮、合"四类,我们称"四呼"。"四呼"在延长字腹时运用,口形不能随曲调的变化而变化,应始终保持不变。歌唱中声音是否圆润、连贯主要取决于吐字发音的准确、连贯与流畅。

3. 字尾收音要分明

字尾是指字的结尾部分。在歌唱发声中,凡是有字尾的字,都应把尾音收住,才算唱完整这个字,否则只算唱了半个字。单韵母的字是没有字尾的,不需要收音,只要元音发音完整不走形即可。复韵母的字,就应很好地注意收音。我国的语言文字繁多,变化万千,收尾的部位也各不一样。如:收 ai,ei,uai,uei 的韵尾时,应收 i 音,此时嘴角微向两边咧开;收 ao,ou,iao,iou 的韵尾时,应收 u 音,双唇应向前微撮;收 n 为字尾的音时,软腭下降,舌尖抵上齿龈,阻住口腔通路,放气流穿鼻而过,收向前的 n 音;收 ng 为字尾的音时,软腭下降,舌根上升贴住软腭,阻住口腔通路,使气流穿鼻而过。字尾收音时,要收得自然,要收得短、准、轻,且收尾的部位要准确,响度要适中,时值要做到收音即停。

总之,只有掌握了字音的结合规律,演唱时辩证地处理每个部分之间的关系,根据歌曲情感的需要,做出相应的变化,完整地表现出每个字来,才称得上真正完成了歌唱的咬字、吐字。还有一点要强调的,就是咬字、吐字重要的是要研究语言如何表现感情。一般来说,唱轻快的歌曲,咬字、吐字应特别轻快、敏捷、灵活;唱雄壮的进行曲时,咬字应结实有力;唱抒情曲调时,咬字应优美柔和;唱慢速度的歌曲时,咬字、吐字应圆润、相连,从而达到"以情带字,字里传情"的目的。

第三节 歌曲演唱

当前我国歌坛将歌唱艺术通常分为民族唱法、美声唱法和通俗唱法三种。

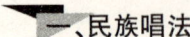
一、民族唱法

民族唱法听起来声音明亮、语言清晰,演唱亲切自然。民族唱法提倡以情带声、声情并茂。在呼吸的运用上,民族唱法是借鉴戏曲唱法中的"气沉丹田"。在共鸣的运用上,民族唱法更多地使用口咽腔与头腔的共鸣,紧抓额窦、眉心,使声音集中靠前。运用民族唱法的歌手喉头的位置相对比美声唱法的略显高一些,这无碍于歌唱,但必须要处于相对稳定的位置。民族唱法在放松下腭,打开颌骨,提笑肌,舌头平放,脖子、肩部放松,强调腰腹肌的力量等方面的要求与美声唱法一致。近年来,民族唱法大胆地吸收美声唱法的精髓,在保持我国民族风格的原则上,在高音区的发声方法上进行了大胆的尝试,解决了民族唱法中高音区的演唱问题,这是民族唱法一个新的突破。

参考曲目与指导

1.《康定情歌》

这首歌来自四川康定地区,从20世纪50年代起就广为传唱。歌曲篇幅不长,音域不宽,只有一个八度,但旋律优美,朗朗上口。我们在演唱时气息要饱满,音要连贯、流畅,不要把字词唱断,特别是最后一句比较长,要注意换气的位置。可以这样换气:"月亮弯弯"(换气)"康定溜溜的城哟"。

康定情歌

1=G 2/4

稍慢 饱满地　　　　　　　　　　　　　　　　　　　四川民歌

| 3 5 6 6 5 | 6.3 2 | 3 5 6 6 5 | 6 3. | 3 5 6 6 5 | 6 3 2 |

1.跑马溜溜的山　上　一朵溜溜的云哟,　端端溜溜的照　在
2.李家溜溜的大　姐　人才溜溜的好哟,　张家溜溜的大　哥
3.一来溜溜的看　上　人才溜溜的好哟,　二来溜溜的看　上
4.世间溜溜的女　子　任我溜溜的爱哟,　世间溜溜的男　子

| 5 3 2 3 2 1 | 2 6. | 6 2. | 5 3. | 2 1 6. | 5 3 2 3 2 1 | 2 6. ‖

康定溜溜的城哟,月亮　弯　弯　康定溜溜的城　哟!
看上溜溜的她哟,月亮　弯　弯　看上溜溜的她　哟!
会当溜溜的家哟,月亮　弯　弯　会当溜溜的家　哟!
任你溜溜的求哟,月亮　弯　弯　任你溜溜的求　哟!

2.《太阳出来喜洋洋》

这是一首民族风格浓郁的歌曲，属于山歌一类。全曲只有两个乐句，音域不宽，只有六度。歌词以"江阳"韵为主，适宜发音，旋律明朗活跃。演唱时可分为四句。换气即："太阳出来啰儿"（换气）"喜洋洋欧郎啰"（换气）"挑起扁担朗朗扯光扯"（换气）"上山冈欧郎啰"。这首歌用四川方言演唱，独具风味。

太阳出来喜洋洋

1=G 2/4

中速 愉快、活泼地

四川民歌

(2̣ 3 2̣ 1̣ | 2̣ 0 3̣ 0 | 1̣ 2̣ 3̣ 2̣ | 0 1̣ 6̣ 0 | 5̣ 6̣ 1̣ 6̣ | 2̣ 2̣ 6̣ 0 |

5̣ 0 6̣ 0 | 1̣ 6̣ 2̣ 1̣ | 0 6̣ 2̣ | 2̣ 2̣ 3̣ 2̣ 2̣ | 2̣ 2̣ 3̣ 2̣ 2̣ | 2̣ 2̣ 3̣ 2̣ 2̣ |

mf

2̣ 2̣ 3̣ 2̣ 2̣) ‖: 2 3 2 1 | 2   3 0 | 1 2 3 2̃ | 2 1 6̣ 0 | 5̣ 6̣ 1̣ 6̣ |

1.太 阳 出 来（啰 儿） 喜 洋 洋（欧 郎 啰）， 挑 起 扁 担

2.手 里 拿 把（啰 儿） 开 山 斧（欧 郎 啰）， 不 怕 虎 豹

mf

2 2 6̣ | 5̣ 6̣ 0 | 1̣ 6̣ 2 1 | 1 6̣ 2 | 2 — | 2 — :‖

（郎 郎 扯 光 扯） 上 山 冈（欧 郎 啰）。

（郎 郎 扯 光 扯） 和 豺 狼（欧 郎 啰）。

(2̣ 3 2̣ 1̣ | 2̣ 0 3̣ 0 | 1̣ 2̣ 3̣ 2̣ | 0 1̣ 6̣ 0 | 5̣ 6̣ 1̣ 6̣ | 2̣ 2̣ 6̣ 0 |

5̣ 0 6̣ 0 | 1̣ 6̣ 2̣ 1̣ | 0 6̣ 2̣ | 2̣ 2̣ 3̣ 2̣ 2̣ | 2̣ 2̣ 3̣ 2̣ 2̣ | 2̣ 2̣ 3̣ 2̣ 2̣ |

f

2̣ 2̣ 3̣ 2̣ 2̣) 2 3 2 1 | 2   3 0 | 1 2 3 2̃ | 2 1 6̣ 0 | 5̣ 6̣ 1̣ 6̣ |

3.悬 岩 陡 坎（啰 儿） 不 希 罕（欧 郎 啰）， 唱 起 歌 儿

4.走 了 一 山（啰 儿） 又 一 山（欧 郎 啰）， 这 山 去 了

5.只 要 我 们（啰 儿） 多 勤 快（欧 郎 啰）， 不 愁 吃 来

2 2 6̣ | 5̣ 6̣ 0 | 1̣ 6̣ 2 1 | 1 6̣ 2 | 2 — | 2 — :‖

（郎 郎 扯 光 扯） 忙 砍 柴（欧 郎 啰）。

（郎 郎 扯 光 扯） 那 山 来（欧 郎 啰）。

（郎 郎 扯 光 扯） 不 愁 穿（欧 郎 啰）。

3.《小背篓》

这首歌曲的旋律非常抒情优美。回忆儿时的生活场景,表达对母亲抚育的感激与热爱。演唱这首歌曲要有一定的歌唱基础。气息控制要好,吐字要清晰,强弱对比要处理好,这样才能较好地体现作品的特点。

小背篓

1=A 4/4

稍慢 富于乡土气息

欧阳常林 词
白诚仁 曲

(7. 6<u>#5</u> 6 — | 7 6<u>#5</u>6 5 3 — | 3 6 6 3 2 3 3 2 1 2 2 1 7 0 | 7. 6 5 3 5 6 6. 3

6. 3 2 3 2 3 6 —) | 3 6 2 1 6 — | 6 3 3 6 2 1 6 — |
　　　　　　　　　　　小　背　篓　　　晃　悠　悠,
　　　　　　　　　　　小　背　篓　　　圆　溜　溜,

3 3 5 6. 6 5 3 | 5 1 2 5 3 2 3 — | 2 2 3 1 6 1 | 2 #1 2 0 |
笑 声 中妈 妈把我 背下了吊 脚　楼。　头一回幽幽 深山中
歌 声 中妈 妈把我 背下了吊 脚　楼。　多少次外婆 家里哟

3 6 1 3 2 #1 2 0 | 2 2 3 1 6 1 2 #1 2 0 | 2 6 2 2 1 6 0 |
尝呀 野 果　哟,　头一回清清 溪水边　　洗呀 小手 哟,
烧呀 糍 粑　哟,　多少次听唱 山　歌　　在呀 桥头 哟,

3 3 5 6 6 #5 3 3 0 | 6 1 2 5 3 2 3 |
头 一 回赶 场 逛了　　　山 里的大 世 界,
多 少 次睡 在 背篓里　　尿 湿了妈 妈的背,

2 2 3 1 7 6 5 3 0 3 | 5. 6 5 3 6 — | 3 6 6 #5 6. 5 |
头一回下到 河滩里 我 看 了赛龙 舟。　　　　哟
多少次爬出 背篓来 我 光 着脚丫 走。

13

[乐谱部分]

哟　　　童年的岁月难忘 妈妈的小背篓。

小背篓。多少欢乐多少爱，多少思念多少情，妈

妈　　那回头的笑脸 至今 甜在

我心头，甜在我心头。噢噢噢

噢噢噢

4.《草原之夜》

  这首歌由四个乐句和尾声组成。第一乐句，把人们带到草原宁静而美丽的夜景中；第二乐句，从高八度进入辽阔、悠扬的境界，与前一乐句形成音区上的对比；第三乐句中的几处装饰音，使得唱句更为深情和婉转；第四乐句的旋律节奏有所变化，衬词"哎"将三、四乐句巧妙地连接在一起；尾声部分用富有新疆特色的副歌"来……"给歌曲更增加了色彩。这首歌在演唱时气息要深、稳，吐字要柔和，换气要准备好，换气后的第一个音不能重，装饰音要唱好。这样，这首歌悠扬飘逸的特点才能表现出来。

草原之夜

纪录片《绿色的原野》插曲

1=E 2/4　　　　　　　　　　　　　　　　张加毅 词
优美 抒情地 中速　　　　　　　　　　　田 歌编曲

(1 1 1 1̇·6 | 6 1 5 6 5·3 | 6 5 1 6 1 5 6 | 5·3 | 5 1 6 5 6 3·1 2 3 2 1 | 1·1 1

1 1 1 0) | 1 1 1 1·6 | 1·2 3 2 5 | 3³5 | 2·1 3 2 1 | 1 — | 1 —

美丽的夜　色多　沉　静，
等到千　里雪　消　融，

0 0 | 1·1 1 6 | 5·6 1 | 2 3 2 1 6 | 5·1 6 1 6 5 | 3·5 3 6 5 | 5 —

草原上　只留下我　的琴　　　　声，
等到草　原上送　来春　　　　风，

5 — | (6 1 6 5 5 0 5 | 5 5 5 0) | 1 1 | 6·1 6 6 | 5 6 1 5³7 | 6 5 6 1

想给远　方的姑　娘写
可克达　拉改　变了

6 5 6 5̃3 | 5 3⁵7 | 2²3 | 1·2 3 5 | 6 5 1 6 1 5 | 6 3 5 | 2·1 3 2 1

封 信　也，　可惜没有　邮递　员来传
模 样　也，　姑娘就会来　伴我的琴

　　　　　　稍快　　　　　mf　　　　　　　　　　　　　mp
1 — | 1 ⁷: ‖ 5 5 5 5 5³7 | 5 5 5 6 1 | 2̇ 3̇ 2̇ 1̇ | 1·6 5 1

情。　　来来来来来　来来来来来　来来来来　来来
声。

³⁵3 5 | 1·2 3 5 | 6 5 1 6 1 5 | 6 3 5 | 2·1 3 2 1 | 1 — | 1 — ‖

来　姑娘就会来　伴我的琴　　　　声。

5.《知道不知道》

这首歌曲民歌风味浓郁,旋律明丽婉转,很适合用民族唱法演唱。演唱时情绪要饱满,歌词押"摇条"韵,很好发音。演唱时可分四句换气,即:"山清水秀太阳高"(换气)"好呀么好风飘"(换气)……

知道不知道

1= D 2/4

中速 优美 抒情地

陕北民歌

(3̇ 3̇2̇ | 1̇ 2̇ | 3̇5̇3̇2̇ | 3̇ - | 5̇ 3̇ 2̇ | 6̇ 5̇ 6̇ | 1̇ - |

1̇ -) | 3̇ 3̇2̇ | 1̇ 2̇ | 3̇5̇3̇2̇ | 3̇ - | 3̇ 3̇2̇ | 1̇ 5̇3̇ |

1.— 3.山 青   水 秀 太 阳   高,   好 呀 么 好 风

2̇ - | 2̇ - | 3̇.5̇ 1̇6̇ | 5̇.6̇ | 1̇6̇1̇ | 2̇. 2̇ | 2̇ 6 |

飘,   { 小 小   船 儿 撑 过   来, 它 一 路
      一 心   想 着 他 呀   他, 我 想 得
      三 步   两 脚 跑 呀   跑, 快 赶 到

1̇ 6 | 5 - | 5 - | 5̇ 2̇ | 2̇ 5̇ | 2̇ 2̇1̇ | 6 5 |

摇 呀 摇,   为 了   那 心   上 人
真 心 焦,   为 了   那 心   上 人
土 地 庙,   我 情   愿 陪   着 他

3̇ 3̇2̇ | 1̇ 5̇3̇ | 2̇ - | 2̇ - | 3̇.5̇ 1̇6̇ | 5̇.6̇ | 1̇ 6̇1̇ |

起 呀 么 起 大 早,   也 不   管 呀 路 迢
睡 呀 么 睡 不 着,   我 只   怕 呀 找 不
陪 呀 么 陪 到 老,   除 了   他 呀 都 不

2̇. 2̇ | 2̇ 6 | 1̇ 6 | 5 - | 5 - ‖

迢, 我 情 愿 多 辛 劳。
到, 那 叫 我 怎 么 好。
要, 他 知 道 不 知 道?

6.《小河淌水》

这首歌曲旋律优美深情，歌词意境深远：明亮的月光像水一样倾泻在大地上，远处山峦起伏的轮廓清晰可辨，山间的溪水淙淙流淌，闪烁着碎银子般的光亮，水流声叮咚，整个山峦沉浸在晚间雾霭中，偶尔清风吹过，传来阵阵歌声……脑海中有了这样的意境，演唱时才能以情带声，声情并茂。演唱时具体要注意的地方是：呼吸要深一些，气息要控制好，因为是山歌，节奏可稍微自由些。“哎……月亮出来亮汪汪”（换气）“亮汪汪”（换气）“想起我的阿哥”（换气）“在深山”。最后一个“哎”字前应换气，这样有足够的气息贮备，才能从容地控制声音，最后渐弱结束，感觉悠远，回味无穷。

小河淌水

1=♭E $\frac{2}{4}$ $\frac{3}{4}$

较慢 节奏 自由 抒情地

云南民歌

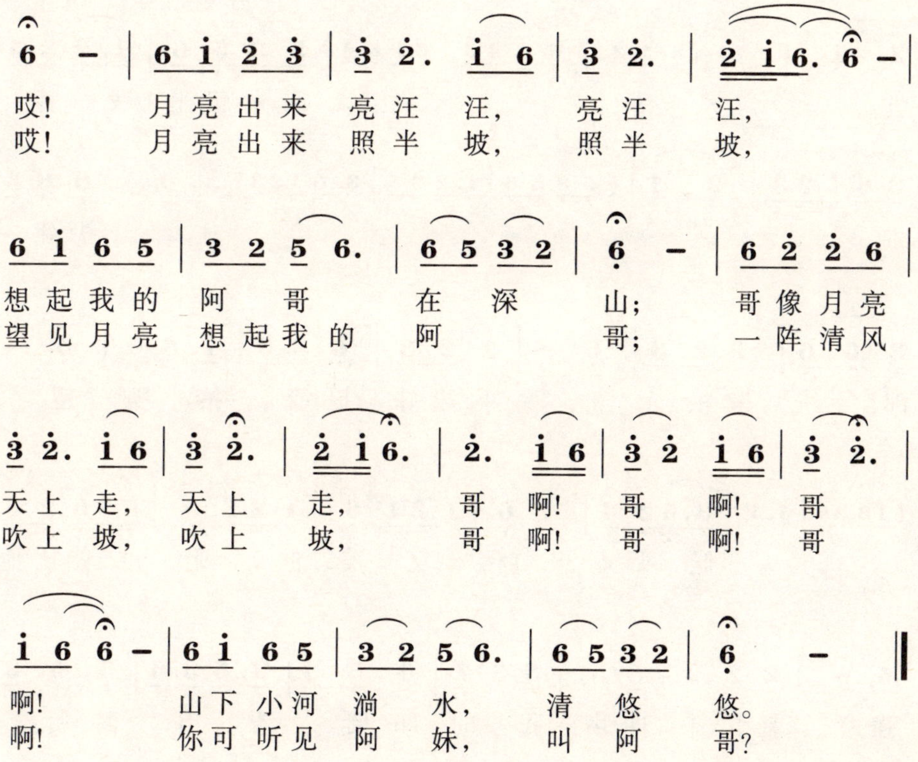
哎！ 月亮出来 亮汪汪， 亮汪汪，
哎！ 月亮出来 照半坡， 照半坡，
想起我的 阿哥 在深山； 哥像月亮
望见月亮 想起我的 阿哥； 一阵清风
天上走， 天上走， 哥啊！ 哥啊！ 哥
吹上坡， 吹上坡， 哥啊！ 哥啊！ 哥
啊！ 山下小河 淌水， 清悠悠。
啊！ 你可听见 阿妹， 叫阿哥？

7.《采槟榔》

这首歌曲活泼轻盈，地方特色浓郁，适合表演。结合歌词内容，一个活泼可爱的少女形象展现在人们面前。演唱时要注意歌曲中强弱表现特点，如在"小妹妹提篮抬头望"后，音量要轻下去，"低头又想，他又美，他又棒，谁能比得上"之后再把声音扬开，这样整个歌曲表现就有起伏、有层次了。

采 槟 榔

1=F 2/4

中速　　　　　　　　　　　　　　　　　　　　　湖南民歌

(曲谱)

歌词：
高高的树上结槟榔，谁先爬上谁先尝，谁先爬上我替谁先装。少年郎，采槟榔，小妹妹提篮抬头望，低头又想呀，他又美，他又壮，谁能比他强，赶忙来叫声我的郎呀。青山高呀，

| 6. 1 2 3 | 1̲2̲ 1. 2 | 3 3̲ 5̲ 6̲ | 1. 6 | 5̲ 3̲ 5̲ 6̲ | 1. 2 | 3 5 |
流 水 　 长，那 太阳 已 残，那 归鸟儿 在 唱，叫 我俩

| 5 3 | 6 1 2 3 | 1. 2 | 3 3̲ 5̲ 6̲ | 1. 6 | 5̲ 3̲ 5̲ 6̲ | 1. 2 |
赶快 回 家 乡，那 太阳 已 残，那 归鸟儿 在 唱，叫

| 3 5 | 5 3 | 6 1 2 3 | 1 — | 1 — | 1 — | 1 — ‖
我俩 　 赶快 回 家 乡。

8.《玛依拉》

　　这是一首欢快、活跃的新疆民歌。它的旋律是典型的环绕式进行，即以一个支柱音，做来回上下的环绕，非常口语化，仿佛是一个年轻的姑娘在欢快地叫喊。演唱时注意要吐字清晰而有弹性，气息要饱满，控制要从容。

玛 依 拉

1= E $\frac{3}{4}$

热情 活泼地

新　　　疆
哈萨克族民歌

mp ———————————————　　　　　　　　　　*mf*

| 5 1̇ 7 1̇ | 7 1̇ 2̇ 7 1̇ | 7 6 7 2̇ | 1̇ — — | 1̇ — — |

1. 人们 都 叫 我 玛 依 拉，诗 人 玛 依 拉，
2. 我 是 瓦 利 姑 娘，名 叫 玛 依 拉，
3. 白 手 巾 四 边 上 绣 满 了 玫 瑰 花，

　　　　　　　　　　　　　　　　　　　　　　mf

| 5 1̇ 7 1̇ | 7 1̇ 2̇ 7 1̇ | 7 6 7 2̇ | 1̇ — — |

牙 齿 白，声 音 好，歌 手 玛 依 拉。
白 手 巾， 四 边 上 绣 满 了 玫 瑰 花。
谁 能 来 唱 上 一 首 歌，比 比 玛 依 拉。

艺术才能与表现方法

```
i - - | 5 i 7 i | 7 i 2 7 i | 7 7 6 7 i |
```
高兴时 唱上一首歌，弹起 东不
年轻的 哈萨克，人人 羡慕
年轻的 哈萨克，人人 知道

```
7 6 5 5 5 0 | 5 6 6 5 | 5 - 3 | 4 - 5 4 |
```
拉，东不拉，来 往 人们 挤 在
我，羡慕我，谁的歌 声 来
我，知道我，从那远 山 跑

```
3 2 3 2 | 3 4 5 6 | 5 6 5 3 4 5 | 4 3 2 3 4 |
```
我的屋 檐底下。玛依拉，拉依 拉哈拉拉库
和我比 一下呀。
到了我 的家呀。

```
5 6 5 3 4 5 | 4 3 2 3 4 | 5 6 5 3 | 2 - 3 2 |
```
拉依拉 拉依 拉哈拉拉库 拉依拉呀 拉 拉拉

```
1.2.                          3.
1 - - | 1 - - :‖ 1 - - | i - - | i - - ‖
```
拉。   拉。

9.《在那遥远的地方》

这是一首充分展现男高音华丽清朗音色的歌曲,全曲由上、下两个乐句构成,结构精练,旋律悠扬飘逸。歌词比喻十分生动、俏皮和贴切。这首歌曲演唱的好坏取决于头脑中是否有意境,这种意境不必是亲身经历,往往通过联想、想象获得,许多同学也许从电影、电视中看到过这样的生活场景。演唱时要注意气息的运用,一般可分为四句换气:(吸气)"在那遥远的地方"(换气)"有位好姑娘"(换气)"人们走过了她的帐房"(换气)"都要回头留恋的张望"。每句开始的第一个字要注意控制好,不要太重。

在那遥远的地方

青海民歌

$1=\flat B$ $\frac{2}{4}$

```
3  5  6  5 #4 | 3  5  6  5 #4 | 3  5  5 #4 | 3  —  |
1.在 那 遥 远 的 地 方      有 位 好 姑 娘,
2.她 那 粉 红 的 小 脸      好 像 红 太 阳,
3.我 愿 抛 弃 了 财 产      跟 她 去 放 羊,
4.我 愿 做 一 只 小 羊      跟 在 她 身 旁,

‖: 3  5  6  5  3 | 2  3  2  1  2 | 3  5  1  2 |
   人 们 走 过 了 她 的 帐 房      都 要 回 头
   她 那 美 丽 动 人 的 眼 睛      好 像 晚 上
   每 天 看 着 那 粉 红 的 小 脸   和 那 美 丽
   我 愿 她 拿 着 细 细 的 皮 鞭   不 断 轻 轻

1.2.3.                          4.
3  2  1  7 | 6  —  :‖ 3  2  1  7 | 6  —  ‖
留 恋 地 张   望。        打 在 我 身   上。
明 媚 的 月   亮。
金 边 的 衣   裳。
打 在 我 身   上。
```

10.《送别》

这是影片《怒潮》中的插曲,表现了在革命的紧要关头农友乡亲送别受错误路线排斥打击的革命领导人时的动人情景。歌曲感人,旋律婉转流畅,感情细腻深沉。这首歌曲在演唱时要注意:速度要舒缓,换气要自如,一字多音时要连贯流畅,装饰音要准确,每个音的时值要足够长。

送 别

电影《怒潮》插曲

郑洪等 词
巩志伟 曲

1=G 4/4

(1. 2 3 1 7 6 5 | 5. 6 1 5 4 3 2 | 5 2 2 5 4 6 5 4 3 | 2 2 4 6 5. 6 |

‖: 1 2 1 6 5 5. 3 | 5 1 6 5 3 5 2 — |

送 君 送 到 大 路 旁,
送 君 送 到 大 树 下,
半 间 屋 前 川 水 流,
送 君 送 到 江 水 边,

5 3 5 6 5 3 5 2 3 2 1 7 | 6 5 6 7 6 5 — | 1 1 6 5 3 2 3 5 |

君 的 恩 情 永 不 忘, 农 友 乡 亲
心 里 几 多 知 心 话 死 里 逃 生
革 命 的 友 谊 才 开 头, 哪 有 利 刀
知 心 话 儿 说 不 完, 风 里 浪 里

1.2.3.   (0 2 3

1 7 6 5 3 5 6. 5 | 1 6 1 5 6 1 6 5 3 2 1 | 6 5 6 3 2 1 — |

心 里 亮, 隔 山 隔 水 永 相 望。
闹 革 命, 枪 林 弹 雨 把 敌 杀。
能 劈 水, 哪 有 利 剑 能 斩 愁。
你 行 船, 我 持 梭 镖

5 6 1 2 1 7 6 5 3 | 2 3 5 7 6 5. 6 | 3 5 6 3 2 1 —) :‖

4.
6 5 6 3 2 1 — | 2 3 2 1 7 6 7 2 | 6 7 6 2 1 —) ‖

望 君 还。

11.《南泥湾》

这首歌产生于延安大生产运动中,歌曲生动地描绘了陕北江南的美景,热情赞颂了劳动模范的功绩。全曲采用对比的结构形式,即前半段是两个优美婉转的抒情长句,后半段是节奏轻快的短句重复,末句句尾采用一个五度上行甩腔,使歌曲在热烈欢快的气氛中结束。演唱时要注意的是吐字要清晰,以字带声,这首歌曲虽然音域较宽,但高音结合吐字比较好唱。

南 泥 湾

1=F 2/4

中板

贺敬之 词
马可 曲

| 5 5 5 6 1 | 3.2 1 6 | 2 2 2 3 5 | 1.6 5 | 1 6 3 | 2 — |

1.花篮里花儿香, 听我来唱一唱, 唱一呀唱;
2.往年的南泥湾, 处处是荒山, 没呀人烟;
3.陕北的好江南, 鲜花开满山, 开呀满山;

| 5 5 5 6 1 | 3.2 1 6 | 2 2 2 3 5 | 1.6 5 | 2 3 1 6 | 5 — |

来到了南泥湾, 南泥湾好地方, 好地呀方。
如今的南泥湾, 与往年不一般, 不一呀般。
学习那南泥湾, 处处是江南, 是呀江南,

| 5 5 3 2 2 3 | 5 5 3 2 | 1 1 6 5 5 6 | 1 1 6 5 | 1 1 6 1 3 | 2. 3 |

好地方来 好风光, 好地方来 好风光; 到处是庄稼,
如呀今的 南泥湾, 与呀往年不一般; 再不是旧模样,是
又战斗来 又生产, 三五九旅是模范; 咱们走向前,

1.2.

| 6 6 5 3 5 | 1 5 0 (5 6 5 3 2.3 | 1 2 1 6 5 | 1 1 6 1 3 | 2. 3 |

遍地是牛羊。
陕北的好江南,
鲜花送模范。

3.结束句

| 6 6 5 3 5 | 1 5) ‖ 1 1 6 1 3 | 2. 3 | 6 6 5 3 5 1 6 | 5 — ‖

咱们走向前, 鲜花送模范。

12.《弹起我心爱的土琵琶》

　　这是一首非常优美的男高音独唱歌曲,歌曲的旋律分为三个部分:A、B、A结构。第一部分抒情悠扬,"西边的太阳就要落山了,微山湖上静悄悄……"打鬼子胜利归来的游击队员在晚霞中看着眼前美丽的景色,抒发着自己的情感;第二部分轻快、活跃,"爬上飞快的火车,像骑上奔腾的骏马……"反映了队员们生龙活虎的战斗场景,因此乐曲的速度加快,富有弹力;第三部分是结束部,以重复第一部分为主,又回到抒情悠扬的意境中。演唱时要注意情绪对比。第一、三部分要唱得舒展开阔,把歌词的意境充分地表达出来;第二部分要唱得刚劲、有力、轻快、活跃,要充分显示出铁道游击队员大无畏的英雄气概。

弹起我心爱的土琵琶

电影《铁道游击队》插曲

1=G 4/4 2/4

芦　芒　词
吕其明　曲

民歌风

(2321 76 | 55 03 25 76 | 55 6 76 5 —) | 3 3 6 5 5 3 | 2. 1 3 2 | 1. 6 |
　　　　　　　　　　　　　　　　　　　　　西边的太阳　快要落山了,

2 2 5 2 2 7 | 6. 5 7 6 5 — | 1 1 6 3 3 5 2 7 | 6 — 6 2 2. 2 |
微山湖上　静悄悄;　弹起我心爱的土琵琶,　唱起那

5 7 6 5. 6 7 6 | 5 — — 0 | 5 5 6 7 6 5 0 5 0) | 2/4 1. 6 3 3 2 | 1 1 0 3 |
动人的歌　谣。　　　　　　　　　　　　　爬上飞快的火车,像

6 5 3 3 5 | 2 2 0 | 1 1. 2 | 3 3 5 2 7 | 6 — 6 2 2. 2 | 5 7 6 |
骑上奔驰的骏马;车站和铁道线　上,　是我们杀敌的

5. 6 7 6 | 5. 5 5 | 3 3 6 1 1 1 | 3 2 3 1 0 | 3 3 6 5 5 3 |
好　战　场。我们爬飞车那个搞机枪,闯火车那个

第一章 歌唱表演

（简谱略）

炸桥梁；就像钢刀 插入敌胸膛，打得鬼子 魂飞胆丧。西边的太阳就要落山了，鬼子的末日 就要来到，弹起我心爱的土琵琶，唱起那 动人的歌谣。哎嗨咳

13.《谁不说俺家乡好》

这是电影《红日》中的插曲。影片表现的是解放战争中，人民解放军巧妙排兵布阵，全歼敌王牌军74师的故事。战斗迅速结束后，我军又立即掉头堵截溃逃的敌人，俘虏甚多，军民沉浸在巨大胜利的喜悦中。这就是歌曲产生的时代背景。此歌是一首经典的女声独唱曲，山东民歌风味，旋律非常优美，歌词朗朗上口。既然是民族歌曲，就应该学习和借鉴老一辈歌唱家的演唱风格，有条件的同学应该多听听专业演员的演唱录音。整个歌曲高低音之间音域跨度虽然有11度，但旋律流畅。我们在演唱时只要气息控制好，换气处理得当，就应该有较好的演唱效果。

谁不说俺家乡好
电影《红日》插曲

1= A 4/4

民歌风 明朗抒情地

吕其明
杨庶正 词曲
萧 珩

1. 一 座座青 山 紧 相 连，
2. 弯 弯的河 水 流 不 尽，
3. 绿油油的果 树 满 山 冈，

25

```
1 1 2 3 5 2 6 7 2 | 6 5 2 3 5 — | 6 6 1 3 5 2 3 2 1 6 |
一 朵 朵 白 云 绕 山   间,     一 片 片 梯 田
高 高 的 松 柏 万 年   青,     解 放 军 是 俺 的
望 不 尽 的 麦 浪 闪 金 光,    看 好 咱 们 的

2 7 3 2 5 6 | 0 6 1 2 3 5 3 2 7 | 6 5 6 7 2 6 5 — |
一 层 层 绿,   一 阵 阵 歌 声 随 风   传。
亲 骨 肉,     鱼 水 难 分 一 家   人。
胜 利 果,     幸 福 的 生 活 千 年 万 年 长。

5 — — 5 6 | 3. 5 3 2 7 5 5 3 2 | 5 1 2 1 — |
哎,        谁 不 说 俺 家 乡 好   得 儿 哟 依 儿 哟,
哎,        谁 不 说 俺 解 放 军 好 得 儿 哟 依 儿 哟,
哎,        谁 不 说 俺 解 放 区 好 得 儿 哟 依 儿 哟,
```

┌1. 2.
```
0 6 1 2 3. 6 5 3 | 2. 7 6 5 6 7 2 6 | 5 — — 0 ‖
一 阵 阵 歌 声 随 风   传。
鱼 水 难 分 一 家   人。
幸 福 的 生
```

3.   渐慢
```
2. 3 2. 3 2 7 | 6 5 6 7 6 5  5 | 5 — — — | 5 0 0 0 ‖
活     千 年 万 年 长, 哎。
```

二、美声唱法

美声唱法源于意大利,它是从 17 世纪开始,经历了长时期的发展而形成的一整套声乐艺术的技法,有着完整的理论体系。美声唱法强调气息的控制和共鸣的运用,它要求发音纯净、柔美、明亮,能在整个歌唱音域的范围内保持声音的均匀、圆润,能轻松地演唱华彩、辉煌的作品,并积累了一套对高音、假声、轻声等演唱技巧训练的方法。美声唱法对世界各国声乐艺术的发展有着深远的影响。

美声唱法区别于其他唱法的最主要的特点,用一句话来概括就是混合声区唱法。美声唱法从声音来说,是真声、假声都有,按音高比例的需要真假声混合

着用。从共鸣来说,是把歌唱所能用的共鸣腔体都调动起来了。美声唱法在真声的基础上,随着音高的上升,假声的成分逐渐增多而变得以假声为主。同时,男女声、高低音的唱法是统一的。

参考曲目与指导

1.《美丽的草原我的家》

这是一首非常深情舒展的歌曲,它表达了蒙古族人民对草原的热爱、对自己家乡美丽景色的赞颂和对自己幸福生活的歌颂。我们在演唱这首歌时,眼前应该有这样的一幅画图:草原上,风儿吹拂着绿色的草地,花儿在草丛中竞相开放,彩蝶纷飞,天空中百鸟鸣唱,不远处一弯碧水,映衬着在晚霞中归来的牧民,牛羊的叫声,牧民的吆喝声、欢笑声,随风荡漾,帐篷里飘出诱人的奶茶香味……这首歌曲演唱时气息要稳,由于歌曲是舒缓的速度,因此,呼吸要深一些,基本是四小节一换气,有气息的支持,演唱就会获得较好的效果。整个歌曲的速度要舒缓、平稳。这样才能把听众带到草原开阔的意境中去。

美丽的草原我的家

1=F 2/4

中速 赞美地

火 华 词
阿拉腾奥勒 曲

(3 5 6 ‖: 1. 2 | 2 1 6 1 | 6 - | 6 5 6 1 | 6. 5 6 | 3. 2 1 6 |

5 0 5 | 3 2 1 2 | 1 - | 1 -) | 5 5 5 1 2 3 | 5. 1 | 6 5 6 3 2 |
　　　　　　　　　　　　　　　　1.2.美 丽 的 草　　原　　我　的

1 - | 3 3 5 6 1 | 1 6 5 6 | 5 - | 5 - | 3 3 5 6 1 |
家,　风 吹 绿 草 遍 地　　花。　　　　彩 蝶 纷
　　　水 清 草 美 我 爱　　它。　　　　草 原 就

艺术才能与表现方法

$\stackrel{\frown}{1.\ 65}\ |\ 6\ \stackrel{\frown}{5\ 3\ 5}\ |\ 3.\ \stackrel{\vee}{5}\ |\ \underline{5}\ \underline{5}\ 1\ 2\ 3\ |\ 5\ \underline{3\ 2\ 3}\ |\ 2\ -\ |$

飞　　百鸟　　唱，　一弯碧水　　映晚　　霞。
像　　绿色的海，　毡包就像　　白莲　　花。

$2\ -\ |\ 3\ \underline{3\ 3\ 5\ 6\ \dot{1}}\ |\ \dot{1}.\ 65\ |\ 6\ \stackrel{\frown}{5\ 3\ 5}\ |\ 3.\ \stackrel{\vee}{5}\ |\ 6\ \underline{5\ 3\ 2\ 3\ 5}\ |$

骏马好　　似　　彩云　　朵，　牛羊好
牧民描　　绘　　幸福　　景，　春光万

$5.\ 6\ |\ \underline{5\ 6\ 1\ 3}\ \stackrel{\frown}{2}\ |\ 1\ -\ |\ 1\ 2\ 3.\ \stackrel{\vee}{5}\ |\ 5\ -\ |\ 5\ \stackrel{\vee}{3\ 5\ 6}\ |$

似　珍珠　撒。）　啊啊哈嗬咿！　牧羊
里　美如　画。）

$\dot{1}.\ \dot{2}\ |\ \dot{2}\ \underline{\dot{1}\ 6\ \dot{1}}\ |\ 6\ -\ |\ 6\ \underline{5\ 6\ \dot{1}}\ |\ 6.\ \underline{5\ 6}\ |\ 3\ \underline{2\ 1\ 2\ 3}\ |$

姑娘放声　唱，　　愉快的歌声满天

$5\ -\ |\ 5\ \stackrel{\vee}{3\ 5\ 6}\ |\ \dot{1}.\ \dot{2}\ |\ \dot{2}\ \underline{\dot{1}\ 6\ \dot{1}}\ |\ 6\ -\ |\ 6\ \underline{5\ 6\ \dot{1}}\ |$

涯。　牧羊　姑娘放声　唱，　　愉快的

1.
$6.\ \underline{5\ 6}\ |\ 3.\ \underline{2\ 1\ 6}\ |\ \underline{5}\ 0\ 5\ |\ 3\ \underline{2\ 1\ 2}\ |\ 1\ -\ |\ 1\ (3\ 5\ 6\ :\|$

歌　声　满天　涯。

2.
$3\ \underline{5\ 6\ \dot{1}}\ |\ \stackrel{\frown}{\dot{1}}\ -\ |\ \dot{1}\ -\ |\ \dot{1}\ -\ |\ \dot{1}\ \|$

天　　　涯。

2.《打起手鼓唱起歌》

热情洋溢、欢快奔放是这首歌曲的基调,表现了草原牧民热情率真的性格。我们在演唱这首歌时不难发现,它的旋律很有特点:每句都是在弱音位的后半拍起,所以在演唱的时候要注意节奏。每句开头的两个字要唱得轻巧、有弹性,不能太重,气息要控制好,收着一点,一直到"来来来"处,声音力度加强、展开一些,同时还要有一定的强弱对比,这样才能演唱得有层次、有起伏。

打起手鼓唱起歌
女中音独唱

1=E 2/4 3/4

中速 热情地

韩 伟词
施光南 曲

(乐谱略)

1.打起手鼓唱起歌,我骑着马儿翻山坡,千里牧场牛羊壮,丰收的庄稼闪金波。我的手鼓纵情唱,快乐的歌声震山河,草原
2.打起手鼓唱起歌,我骑着马儿跨江河,歌声融进泉水里,流得家乡遍地歌。我的手鼓纵情唱,唱不尽美好的新生活,站在
3.打起手鼓唱起歌,我唱得豪情红似火,各族人民肩并肩,前进的道路多宽阔。我的手鼓纵情唱,快马加鞭建设祖国,春光

3.《生死相依我苦恋着你》

此首歌曲表现了一个拳拳赤子对祖国的无限思念与热爱,无论是凄风苦雨,还是身处逆境扑倒在地,都与祖国生死与共。唱这首歌时,我们一定要有这样的激情,只有怀着对祖国的无限深情,才能演唱好这首感人的歌曲。开头两个乐句,要深情、舒展。接下来的乐句有一个八度的跳跃,要处理好,要有激情。末句时值要唱足。这首歌曲的音域有十一度,高低音间的跳跃大,但结合吐字发音并不太困难。演唱时要注意呼吸。基本上是每4小节均匀地换一次气。

生死相依我苦恋着你

《共和国之恋》主题歌

1=F 2/4

深情地

刘毅然 词
刘为光 曲

| 3 4 5 6 | 5. 3 | 1 2 4 3 | 2 — | 3 4 5 6 | 5. 5 6 |

在 爱 里， 在 情 里， 痛 苦 幸 福 我
你 恋 着 我， 我 恋 着 你， 是 山 是 海 我

| 7 5 4 5 | 3 — | 3 4 5 6 | 5. 3 | 1 2 4 3 | 6 — |

呼 唤 着 你， 在 歌 里， 在 梦 里，
拥 抱 着 你， 你 就 是 我， 我 就 是 你，

| 5 6 5 6 | 5 4 4 | 3 2 1 2 3 | 1 — | 1 i 7 i | 6 7 i 3 |

生 死 相 依 我 苦 恋 着 你。 纵 然 是 凄 风
是 血 是 肉 我 凝 聚 着 你。 纵 然 我 扑 倒

| 4 5 6. | 1 i 7 i | 6 7 i 3 | 4 3 2. | 3 4 5 6 | 5. 3 |

苦 雨， 我 也 不 会 离 你 而 去， 当 世 界
在 地， 一 颗 心 依 然 举 着 你， 晨 曦 中

1.

| 1 2 4 3 | 6 — | 5 6 5 6 | 5 4 4 | 3 2 1 2 3 | 1 — |

向 你 微 笑， 我 就 在 你 的 泪 光 里。
拔 地 而 起， 我 就 在 你 的

2.

| 1 — | 1 0 0 | 0 0 ‖ 3 2 1 2 3 | 1 — | 1 — ‖

形 象 里。

4.《多情的土地》

这是一首非常深情、优美的歌曲,它表达了作者对故乡的无限爱恋之情。歌曲中三连音和装饰音较多。这首歌曲在演唱时除了要注意气息的正确运用外,还要注意它的三连音时值要均匀,装饰音要唱出来。演唱前最好把歌词朗诵几遍,仔细体味它的情感,这样能充分调动我们的主观感受,有助于在演唱时的感情表达。

多情的土地

1=♭E 2/4

任志萍 词
施光南 曲

慢 深情地

第一章 歌唱表演

（乐谱部分省略文字化，以下为歌词及说明文字）

妈妈的身躯。
理想和希

我冀。　我深深地爱着你，这片

多情的土　地，　多情的土　地。　土

地，　　土　地！

5.《我的祖国妈妈》

　　这是一首旋律优美、感情真挚的歌曲。一声声"祖国妈妈呀，祖国妈妈呀"的呼唤声，表达了海外游子对故乡的思念，对祖国母亲的无限热爱。歌曲基本是在中音区流动。每句开始音都是在后半拍起，而且多是级进上行，这样的节奏和旋律易于表现出一种内在深沉的情感。演唱时要注意歌曲的这些特点以及它的表情记号，这样才能取得较好的演唱效果。

我的祖国妈妈

$1=\flat E$ $\frac{2}{4}$

中速 深情地

梁上泉 词
施光南 曲

我走遍
我走遍

艺术才能与表现方法

```
5. 6 | 6 1̲2̲ 3 | 0 2̲3̲4̲ 3̲2̲3̲ | 1 - | 1 0 | 0̲6̲ 7̲1̲ |
```
海 角 天 涯，　忘不了 祖国 妈 妈。　　　 祖国
海 角 天 涯，　更热爱 祖国 妈 妈。　　　 祖国

```
6̲.6̲ 4 | 0 2̲3̲4̲ 7̲.7̲ | 5 - | 5 - | 0̲5̲ 6̲1̲ | 5. 6 |
```
妈 妈 呀，　祖国 妈 妈 呀！　　　　　　儿女在 海 外
妈 妈 呀，　祖国 妈 妈 呀！　　　　　　出走时 满 头

```
6̲ 1̲2̲ 3 | 0 2̲3̲4̲ | 3̲2̲3̲ 6̲7̲1̲ | 2 0 | 0̲1̲2̲3̲ | 4̲6̲ 1̇ |
```
飘 流，　常思念 久别的老 家，　多少次 托 付
青 丝，　归来时 满头银 发，　却依然 怀 着

```
7̲ 7̲ 7̲ 6̲5̲3̲ | 5 - | 0̲6̲4̲3̲ | 2̲.6̲ | 1̲7̲0̲7̲ | 6̲ 5. | 5 0 5 |
```
远飞的 大 雁，　捎给你 深 情 的 话。　 你
赤子之 心，　献给你 不 谢 的 花。　　 你

```
3. 3 1 | 0̲6̲ 4̲.4̲ | 2 0̲5̲6̲ | 5̲1̲ 2 | 3 3. | 3 0 1 |
```
听 见 吗？　你听见 吗？我的 祖国 妈 妈 你
收 下 吧！　你收下 吧！我的 祖国 妈 妈 你

```
6̲.6̲ 4 | 0 2̲7̲.7̲ | 5 0̲6̲ | 1̇ 5̲3̲ | 2̲.1̲2̲ | 1 - |
```
听 见 吗？　你听见 吗？我 亲爱的 祖国 妈 妈！
收 下 吧！　你收下 吧！我 亲爱的 祖国 妈

```
(0̲3̲3̲.3̲ | 1 0 :‖ 1 - | 1 0 1 | 6̲.6̲ 4 | 0 2̲7̲.7̲ | 5 0̲6̲ | 1̇ 5̲3̲ |
```
妈！　你收下 吧！你收下 吧！我 亲爱的

```
4̲5̲ 2̇ | 2̇. 1̇ | 1̇ - | 1̇ - | 1̇ - | 1̇ 0 ‖
```
祖国 妈 妈！

6.《今天是你的生日,中国》

这是一首旋律优美、意境深邃的歌曲,它以淳朴的语言歌颂祖国的生日,表达儿女们对祖国母亲的热爱和祝福。歌曲的前半部分在中音区流动,表现出一种平和、宁静和温情。后半部分一开始在高音区表现出一种激情的涌动,然后又回到中音区沉稳深情的意境中。这首歌曲在演唱时气息要平稳,情绪要饱满,感情要随着旋律的起伏而荡漾。

今天是你的生日,中国

韩静霆 词
谷建芬 曲

1=♭E 2/4 4/4

(1 1232 35 5321 | 2 2163 2 - | 3. 5 56.56 5 321 |

6 6276 5 -) | 5 5 5 5 5 6. 3 3 | 2 3 2. 6 5 5. |
　　　　　　　　　1.2.3.今 天 是 你 的 生 日, 我 的 中 国,

1 1 123 5. | 6 6 3 2 2 - | 5. 5 3 5 6 6. |
清 晨 我 放 飞 一 群 白 鸽, 为 你 衔 来 一 枚
　　　　　　　　　　　　　　　　　　　为 你 带 回 远 方
　　　　　　　　　　　　　　　　　　　为 了 衔 来 一 棵

3 2 15 6. - | 6 5 5 2. | 2 3 2 16 1 - | 1 - |
橄 榄 叶, 鸽 子 在 重 山 峻 岭 飞 过。
儿 女 的 思 念, 鸽 子 在 茫 茫 海 天 飞 过。
金 色 的 麦 穗, 鸽 子 在 风 风 雨 雨 中 飞 过。

i i i i i 2 3. 2 i | 2 2 6 5 5 - | i i i i i 2 32 32 i |
我们祝福你的生 日 我 的 中 国, 愿你永远没有忧 患
我们祝福你的生 日 我 的 中 国, 愿你月儿常圆儿 女
我们祝愿你的生 日 我 的 中 国, 愿你逆风起飞雨 中

7 7 72 65 5 - | 5 5 5 5 5 6 i 3 | 4 3 21 2. 2 3 |
永 远 宁 静, 我们祝福你的生 日 我 的 中 国, 这 是
永 远 欢 乐, 我们祝福你的生 日 我 的 中 国, 这 是
获 得 收 获, 我们祝福你的生 日 我 的 中 国, 这 是

```
            1.2.3.              结束句
 5̲ 5 6̇ 6̲ 5 3 | 2̲ 3 2̲ 1 1 - :‖ 2̇ 3̇ - 2̇ 1̇ | 1̇ - - - |
 儿女们心   中  期望 的 歌。    希望   的   歌。
 中儿女在远   方爱 的诉说。
 儿女们心   中  希望 的 歌。

 1̇ - - - | 1̇ - - - | 1̇ - - 0 ‖
```

7.《祖国,慈祥的母亲》

　　这首歌也是赞美祖国母亲的,演唱有一定的难度。这首歌旋律优美,感情深沉。全曲可分为两个部分。第一部分两个乐句基本都在中声区:第一乐句"谁不爱自己的母亲,用那火热的赤子心灵",给人以淳朴、深情的感觉;第二乐句歌词同前一句,加深了情感表达。紧接着的第二部分是以一个十度的跳跃,在高音区唱出"亲爱的祖国,慈祥的母亲……",旋律发展让人心情激动、热血沸腾,深情无限……我们在演唱前半段中声区气息要平稳、流畅,后半段唱高音之前要做好准备。但不能把气息提到胸部,而是要感觉气往下沉,在腰部用力,喉部放松。这样的声音听起来既松弛又有根基。最后的"啦"要保持气息的流畅和声音的位置,不能太松垮,这样才能取得较好的歌唱效果。

祖国,慈祥的母亲

$1 = {}^{\flat}A \quad \frac{3}{4} \frac{2}{4}$

张鸿西 词
陆在易 曲

缓慢 从容地

```
(1̇ 1̇. 6̇ | 7̇. 3̇ 3̇ - | 6̇ 6̇. 3̇ | 4̇. 3̇ 2̇ - | 6 7̲ 1 2 | 3̲ 2 7 1. 5̲ |
 6̲ 3̲ 4̲  6̲ 3̲ 4̲ | 6̇ - ) 3. 2̲ | 3 - | 3̲ 4 3̲ 1 | 7. 5̲ | 6 - |
                   1.2.谁 不 爱   自己 的 母   亲,

 6 7̲ 1 2 | 3̲ 6 3 | 7̲ 6 6. 3̲ | 3 - | 3 0 3. 2̲ | 3 - |
 用 那 {火热的  赤子心  灵,}         谁 不 爱
         {闪光的  美妙青  春,}
```

```
3 6 6 3 | 4.3 2 - | 2 6 7 1 | 2 3 2 | 2 7 1.7 | 6 - |
自己的母  亲，  用那(火热的 赤子 心   灵。)
              (闪光的 美妙 青   春。)

6 0 0 | 1 1.6 | 7.3 3 - | 6 6.3 | 4.3 2 - |
亲爱的祖 国，   慈祥的母 亲，

3 6 6 3 | 4.3 2 | 3 2 6 1 | 1. 7 | 7 3 3.2 |
长江黄河 欢腾着 欢腾着深  情，是 我们对
蓝天大海 储满着 储满着忠  诚，是 我们对

        |1.           |2.
7 7 0 5 | 6 6 - | 6 0 0 :‖ 6 6 - | 6 3 2 | 3 - |
你 的深 情。              啊，
你 的     忠 诚。         啊，

3 3 6 3 | 2.1 2 - | 0 6 7 1 2 | 1 - 1 7 | 7 7 6 7 5 6 |
啊，     啊，              啊，

6 - | 6 - - | 6 - | 6 - - ‖
啊！
```

8.《三套车》

　　这是大家都非常熟悉的俄罗斯民歌。歌曲有一定的难度，其难度在于歌曲时代背景的把握和歌曲情感的表达。这首歌的内容表现了沙皇统治时期，俄国农奴制度下劳动人民的贫困生活、农奴对主人的痛恨，以及他们心中的忧伤。歌曲第一、二段是乘车人看到的情景以及向赶车人的问话，第三段以变奏的手法从一开始就翻向高音区的音调，唱出了赶车人郁积在胸中的愤懑，形成全曲的高潮。这首歌在演唱时要注意的是：一、二段要唱的深沉、平稳。第三段前半部分要有悲愤之情，老马的"老"字是一个急速上行后下滑的音，要处理好。后半段要愤恨，尾句充满着哀伤的情绪，这两部分过渡要自然。

三套车

俄罗斯民歌
高山译 词
宏扬配 歌

1=F 4/4

3 ‖: 6. 6 6 6 #5 6 | 7. #5 3. 3 | i 6 1 1 2 #2 |

1.冰　雪　遮盖着伏尔加　河，冰河上跑着三套
2.(小) 伙 子你为什么 忧　愁，为什么低着你的

3 - - 0 3 | 6. 7 i 7 6 5 4 3 | 2. 4 6 7 6 |

车，　　　有人在唱着忧　　　郁的歌，唱
头，　　　有谁叫你这　　样伤心，问

3. 4 3 2 7 1 | 6 - 6 0 3 :‖ 6 - 6 0 0 3 |

歌　的是那赶车的　人　　　　2.小
他　的是那乘车的　　　　　人　　　3.你

6. 6 6 6 #5 6 | 3. 2 i 7. 7 | i 6 1 1 2 #2 |

看　吧，这匹可怜的老　　马，它跟我走遍天

3 - - 0 3 | 6. 7 i 7 6 5 4 3 | 2. 4 6 7 6 |

涯，　　　可恨那财主要　　把它买了去，今

3. 4 3 2 7 1 | 6 6 0 0 0 3 | 6. 7 i 7 6 5 4 3 |

后苦难在等着　它。　　　可恨那财主要　把它

2. 4 6 7 6 | 3. 4 3 2 7 1 | 6 - 6 0 ‖

买　了去，今　后苦难在等着　它。

9.《我为祖国献石油》

这首歌充满了豪迈的激情,真可谓"石油工人一声吼,地球也要抖三抖",体现了石油工人们不怕困难、不畏艰险,为祖国开采石油、多做贡献的光辉形象。这首歌在演唱时可根据歌词分出每段的层次:第一、二句是表现作为石油工人的自豪感,要唱得坚定豪迈。第三、四句是表现采油工作的艰辛,演唱要深情些。第五、六两句"天不怕,地不怕,风雨雷电任随它"要唱得坚定有力。第七、八两句表现石油工人为祖国献石油的决心,演唱要更加热情,推向高潮。

我为祖国献石油

1= C 2/4

稍快

薛柱国 词
秦咏诚 曲

(简谱乐谱)

1.锦绣河山美如画,
2.大庆景色映彩霞,

祖国建设跨骏马, 我当个 石油工人
"铁人"精神传天下, 我当个 石油工人

多荣耀, 头戴铝盔走天涯。
多自豪, 自力更生建设国家。

身披天山鹅毛雪, 面对戈壁大风
茫茫草原立井架, 云雾深处把井

艺术才能与表现方法

| 3 - | 3 - | 5 5 6 5 | 3 5 | $\dot{3}$. $\dot{5}$ $\dot{3}$ $\dot{2}$ | $\dot{3}$ - |

沙， 嘉 陵 江 边 迎 朝 阳，
打， 地 下 原 油 见 青 天，

| $\dot{1}$. $\dot{3}$ $\dot{2}$ $\dot{1}$ | 7 6 5 | $\dot{1}$ - | $\dot{1}$ - | $\dot{3}$. $\dot{2}$ $\dot{1}$ | 7. 6 5 |

昆 仑 山 下 送 晚 霞。 天 不 怕， 地 不 怕，
祖 国 盛 开 石 油 花。 天 不 怕， 地 不 怕，

| 0 $\dot{1}$ $\dot{1}$ | $\dot{2}$ $\dot{1}$ | $\dot{1}$ 6 5 6 | 0 3 5 | 6. 5 | $\dot{1}$ $\dot{2}$ $\dot{1}$ |

风 雪 雷 电 任 随 它， 我 为 祖 国 献 石
放 眼 世 界 雄 心 大， 我 为 祖 国 献 石

| $\dot{3}$. $\dot{2}$ $\dot{3}$ | $\dot{5}$ - | $\dot{5}$ - | $\dot{2}$. $\dot{3}$ $\dot{2}$ $\dot{1}$ | $\dot{1}$. $\dot{2}$ 6 5 | 6. 5 |

油， 哪 里 有 石 油 哪 里 就 是
油， 石 油 滚 滚 流 我 的 心 里

| 1. | | | | 2. | |
| 3. 5 6 $\dot{1}$ | $\dot{2}$. $\dot{5}$ $\dot{2}$ $\dot{1}$ | $\dot{1}$ - | $\dot{1}$ 0 ‖ | 3. 5 6 $\dot{1}$ | $\dot{2}$ $\dot{5}$ $\dot{2}$ $\dot{1}$ |

我 的 家。 乐 开 了

| $\dot{1}$ - | $\dot{1}$ - | $\dot{1}$ - | $\dot{1}$ 0 ‖

花。

10.《满江红》

这首歌是以岳飞词与古曲相结合的一首歌曲。旋律深沉、节奏舒缓稳健、感情昂扬壮烈。全曲由两大段组成。第二段基本上是第一段的反复,只第一句略有变化。演唱这首歌时要注意气息要沉稳。第一乐句要连贯流畅。最后一句如不合适,可改为前一段的。但最后一个音可改为高八度唱。

满江红

1=F 4/4

岳飞 词
古曲

慢板 慷慨

3 5 5 6 1 | 2 3 2 1. 0 | 6 5 6 1 2 3 5 | 2 - - 0 |
怒发冲　冠，凭栏　处， 潇潇雨　　歇，

3 1 3 5. 0 | 1 5 6 3 2. 0 | 1. 3 2 1 6 5. 0 |
抬望眼， 仰天长啸， 壮怀激　烈。

5 5 6 3 3 1 | 2. 3 2. 0 | 3. 5 1 6 5 |
三十功名　尘与土， 八千里路

渐慢

3 2 3 2 1. 0 | 5 1 2 3 5 | 1. 2 3. 0 | 2 1 6 5. 0 |
云和月， 莫等闲白了　少年头， 空悲切！

原速
>
5 - 5 6 1 | 2 3 2 1. 0 | 6 5 6 1 2 3 5 | 2 - - 0 |
靖康耻，犹未雪， 臣子恨何时　　灭？

>
3 1 3 5. 0 | 1 5 6 3 2. 0 | 1. 3 2 1 6 5. 0 |
驾长车， 踏破 贺兰山　缺，

5 5 6 3 3 1 | 2. 3 2. 0 | 3 5 1 6 5 | 3 2 3 2 1. 0 |
壮志饥餐　胡虏肉， 笑谈渴饮 匈奴　血，

渐慢

5 1 2 3 5 | 1 2 3. 0 | 2 1 6 5. 0 ‖
待重头收拾 旧山河， 朝天阙。

三、通俗唱法

通俗唱法也可称为流行唱法,具有通俗性、自娱性等艺术特色,擅长抒发以个人为主体的内心情感。通俗唱法的艺术特征是:声音质朴、韵味独特、表演夸张、歌舞一体。业余歌唱爱好者大多并未接受过声乐训练,嗓音条件一般,但演唱通俗歌曲时,仍颇具艺术感染力,这正是因为通俗唱法的平民化与广泛性,造成一种纯真动人的韵味。这种韵味,可以是歌曲演唱风格质朴率直的体现;也可以是其独特的声音技巧,包括声音的控制与放开、强烈与轻柔的对比以及气声、哑声、嘶裂声、喊唱声等等的灵活运用;也可以是情感表达的本色与自然。

通俗唱法注重掌握语言的韵律,讲究吐词、咬字的清晰、委婉,并在演唱中经常运用轻声、气声以及颤音、滑音、音色变化等装饰性技法。

参考曲目与指导

1.《永远是朋友》

这是一首非常流行的歌曲,轻快活泼,歌词通俗朴实,旋律优美流畅。虽然它的音域不宽,只有九度,但旋律起伏较大。有几处是八度的进行,所以演唱时要注意处理好这些乐句。音准要把握好,不管是上跳八度还是下跳八度,只要气息运用得好,声音就能自然、流畅。当然最重要的还是整体的情绪要热情饱满。

永远是朋友

任卫新 词
刘 青 曲

1=E 4/4

结识新朋友，不忘老朋友，多少新朋友变成老朋友。天高地也厚，山高水长流，愿我们到处都有好朋友。D.S.愿我们到处都有好朋友。

结束句

2.《同一首歌》

这是一首几乎人人会唱的歌曲，由于人人都会唱，要想得到认可，就不那么容易了。优美、流畅是这首歌曲的显著特点，每一个乐句都非常平稳、舒展，高潮的地方也很自然通畅。要想充分体现歌曲的感染力，就对气息运用有较高的要求。我们有些同学平时不太注意锻炼身体，体质较差，肺活量较低，演唱这首歌时就会有困难，在不该换气处换气，会使歌曲的情感支离破碎，影响感情表达。解决的方法是：平时要加强体能训练，掌握演唱呼吸的正确方法。这首歌每一个乐句都要唱得连贯。如果气息不够唱四个小节，就应事先安排好换气的地方，做好记号，通过多次练习就能习惯自如了。

同一首歌

陈哲、迎节 词
孟卫东 曲

$1=F$ $\frac{4}{4}$ ♩=96

1.鲜花曾告诉我你怎样走过，
2.水千条山万座我们曾走过，

艺术才能与表现方法

```
5 - 1 2 | 3 3 4 5 1 | 4. 3 5 2 3 | 2 - - 0 |
```
大　地　知　道　你心中的　每　一个角　　落，
每　一　次　相逢和笑脸　都　彼此铭　　刻，

```
3 - 5 1 | 7. 6 6 - | 5 5 6 7 6 5 | 3 - - 0 |
```
甜　蜜　的　梦　啊　　谁都不会错　　过，
在　阳　光　灿　烂　　欢乐的日子　　里，

```
4. 4 5 6 | 5 4 3 2 - | 7 7 6 5 6 | 1 - - - |
```
终　于迎来　今　天　　　这欢聚时　刻。
我　们手拉　手　啊　　　想说的太

```
‖: 1 - - 0 :‖ 1 - - 0 | 1 - 6 - | 4. 5 6 - |
```
　　　　　　　多。　　　星　光　洒满了

```
7 7 7 7 6 5 | 3 - - 0 | 1 - 6 - | 4. 5 6 - |
```
所有的童　年，　　　风　雨　走遍了

```
6 6 6 6 #4 3 | 2 - - - | 5 - 1 2 | 3. 4 3 1 1 |
```
世间的角　　落，　　　　同　样　的感受给了

```
2. 2 2 2 1 | 6 6 - 0 | 7 - 7 6 | 5 6 5 2 2 |
```
我　们同样的渴望，　　　同　样　的欢乐给了

```
4. 4 4 3 2 | 1 - - 0 | 6 - - - | 1 - - 1 |
```
我　们同一首　歌，　　　同　　　一　首

```
1 - - - | 1 - - - | 1 0 0 0 ‖
```
歌。

3.《军港之夜》

这是一首适合运用通俗唱法演唱的军旅歌曲。歌曲的意境优美：夜色已深，军港也在沉睡中。海浪不知疲惫地在轻轻地冲击着岸边的礁石，停留在港口的战舰似乎也在轻轻地摇曳，辛劳一天的战士们已经进入梦乡……这样的意境，使得我们演唱时开头的音量不要太大，应由弱渐强，尤其是不能冲。这首歌曲不但歌词具有很强的抒情性，旋律也非常优美。音域不宽，只有九度，而且都是在中音区。因此属于难度不大，但演唱效果较好的歌曲。演唱时注意气息要平稳，声音要饱满，这样才能给人以宁静、温馨之感。

军港之夜

1=C $\frac{2}{4}$

中速稍慢 抒情地

马金星 词
刘诗召 曲

(3 5. | 3 5. | 3 1 3 1 | 3 5. ‖: 3 5 5 3 |

3 2 3 2 | 7 6 7 6 5 | 1 —) | 5 3 3 1 | 2 3 2 3 |
　　　　　　　　　　　　　　　　　　军　港的　夜啊
　　　　　　　　　　　　　　　　　　军　港的　夜啊

3 6 5 | 1 — | 3 5 5 3 | 6 5 3 | 3 3 2 1 |
静 悄　悄，　海　浪把　战舰　轻轻　地
静 悄　悄，　海　浪把　战舰　轻轻　地

2 — | 3 7 5 | 6 7 6 1 | 7 3 3 7 | 6 7 6. |
摇，　年轻的　水　兵　头 枕着　波　涛，
摇，　年轻的　水　兵　头 枕着　波　涛，

```
| 7̲ 3̲ 3 7 | 7̲ 6̲ 7̲ 6̲ | 2̲ 6̲ 1̲ 7̲ | ⁵⁶5 - | 3 5̲ 5̲ 3 |
```
睡　梦中露　　出　甜美的微　　笑。　海　风你
睡　梦中露　　出　甜美的微　　笑。　海　风你

```
| 6̲ 5̲ 6̲ 5 | 3̲ 5̲ 3̲ 1̲ 3̲ 3̲ | 3 5. | 3 5̲ 5̲ 3 | 3̲ 2̲ 3̲ 2 |
```
轻轻地吹，海浪你轻轻地　摇，　水　兵　远　航
轻轻地吹，海浪你轻轻地　摇，　水　兵　远　航

```
| 7̲ 6̲ 7̲ 6̲ 5 | 3 - | 3 5̲ 5̲ 3 | 6̲ 5̲ 6̲ 5 | 3̲ 5̲ 3̲ 1̲ 3 |
```
多么辛　劳，　回　到了　祖　国　母亲的怀
多么辛　劳，　待　到　朝　霞　映红了海

```
| 3 5. | 3̲ 5̲ 5̲ 3̲ 3̲ | 3̲ 2̲ 3̲ 2 | 7̲ 6̲ 7̲ 6̲ 5 | 1 - ‖
```
抱，　让我们的　水　兵　好好睡　觉
面，　看我们的　战　舰　又要起　锚。

结束句
```
| 3̲ 5̲ 5̲ 3̲ 3̲ 2̲ 3̲ 2 | 7̲ 6̲ 7̲ 6̲ 5 | 1 - | 1 - ‖
```
嗯。　　　　　　　嗯！

4.《故乡的云》

演唱这首曲目时，一定要深入到歌曲的意境中去，眼前应该有这样的场景：一个游子浪迹天涯，饱经沧桑，带着一身尘土，拖着疲惫的身躯一步一步向故乡走来，天空中的片片云彩，似乎也在召唤着他……对祖国、对故乡深切思念是这首歌曲的基调，旋律流畅，带有忧郁的色彩。特别是那深切的呼唤"归来吧，归来哟，浪迹天涯的游子，归来吧，归来哟，别再四处漂泊……"更增加了歌曲苍凉的色彩。在演唱这首歌曲时要注意气息的运用，弱拍起的乐句开头音，要控制好，不能重。随着旋律的起伏，气息的流动要跟上，这样才能使声音饱满流畅，才能较好地表现出歌曲的情感内容。

故乡的云

1=D 4/4
中速

谭 轩 词曲

(3 - 3 4 3 2 1 | 2 5 - 6 7 | i - i i 7 6 | 5 - 5 5 5 2 |

i - i i 1 6 | 5 - - 5 3 | 2 - 2 5 2 | 1 - - -

1 - -) 5 1 ‖: 1 1 2 2 2 5 | 3. 2 1 - 0 5 |
　　　　　天　　边 飘 过 故 乡 的　云，　　　它
　　　　（踏）　着 沉 重 的　脚　步，　　　归

1 1 1 2 2 3 4 | 4 3 3 - 5 1 | 1 1 2 2 2 5 |
不 停 地 向 我 召　唤，　　当 身　边 的 微 风 轻 轻
乡 路 是 那 么 漫　长，　　当 身　边 的 微 风 轻 轻

3. 2 1 - 0 3 5 | 6 6 6 i i i |
吹　起，　　　有 个 声 音 在　对 我 呼
吹　起，　　　吹 来 故 乡 泥　土 的 芬

i 6 5 5. 5 2. i | i - i i 6. 5 | 5 - 5 0 5 3 |
唤，　归 来　吧！　归 来　哟！　　浪 迹
芳，

2. 2 2 2 2 1 7 | 7 6. 6 5 2. i | i - i i 6. 5 |
天 涯 的 游　　子。 归 来　吧！　　归 来

艺术才能与表现方法

```
 3
⌒
5 - 5 0 5 3 | 2. 2 2 1 2 | 1 - - 5 :‖ 1 - - 0 :‖
哟      (别再四处飘     泊。      踏       泊。
        (我已厌倦飘
```

```
‖: 3 - 3 4 3 2 1 | 2 5 5 - 6 7 |
3.我      已是满怀疲惫,  眼里
4.我      曾经豪情万丈,  归来
```

```
1 - 1 1 7 6 | 5 3. 3 5 5 5 2 |
是   酸楚的 泪,  那故乡的
却   空空的 行囊。
```

```
1 1. 1 1 1 6 | 5 5. 5 4 3 | 2 - 2 2 3 2 |
风,那故乡的  云, 为我抹  去创
```

```
2 - - - :‖ 5 5. 5 5 3 | 2. 2 2 1 2 | 1 - - 5 |
痕。        云,为我抚平创  伤。    啦
```

```
1 1. 1 2 5. 4 | 3 1. 1 5 | 1 1. 1 2 3. 4 |
啦啦啦啦啦啦啦啦,  啦啦啦啦  啦啦啦啦啦啦啦
```

第一章 歌唱表演

```
3 - - 5 | 1 1.1 2 5.4 | 3 1.1 3 5 |
啦,      啦 啦啦啦啦啦啦  啦啦, 啦啦

6 6 1 1.1 | 7 5.5 5 2.1 | 1 - 1 1 6.5 |
啦啦啦啦啦啦啦。 归来    吧,  归来

5 - 5 0 5 3 | 2.2 2 2 1 7 | 7 6.6 5 2.1 |
哟,    浪迹 天涯 的 游    子,归来

1 - 1 1 6.5 | 5 - 5 0 5 3 | 2.2 2 2 1 2 |
吧, 归来   哟,    我已厌倦飘
```

4.Ⅱ结束句

```
1 - - - ‖ 5 5.5 5 3 | 2.2 2 1 2 |
泊。  D.S. 云, 为我 抚平 创

1 - 1 5 5 5 2 | 1 1.1 1 1 1 6 | 5 5.5 5 3 |
伤, 那故乡的   风,那故乡的  云,为我
```

渐慢
```
2.2 2 2 1 2 | 1 - - - | 1 - - 0 ‖
抚平 创    伤。
```

5.《山不转水转》

这是一首电视剧插曲,其旋律很有特点,前后两部分的对比较鲜明。前半部分的歌词是连环套出来,而旋律也是环绕式的每小节逐层下递。后半部分一开始的音,在高八度上唱出,旋律拉宽,四个对称的乐句,再加一个结束句。从整体上看,歌曲的旋律优美、风格性较强。在演唱时要注意气息的运用。前半部分声音要流畅,每句音的时值要足。后半部分的高音处气息要饱满,这样声音听起来才扎实。每句的换气要从容。

山不转水转

电视剧《山不转水转》插曲

张藜 词
刘青 曲

1=♭D 4/4

♩=64

5 5 5 5 5 3 3 2 | 2 — | 5 5 5 5 5 3 3 2 | 1 — |
1.山 不 转 那 水 在 转, 水 不 转 那 云 在 转,
2.心 不 转 那 风 在 转, 风 不 转 那 云 在 转,

1 1 1 1 1 3 2 6. | 6 6 6 1 3 5 — : ‖ 5 1 6 5 6 4 0 3 |
云 不 转 那 风 在 转, 风 不 转 那 心 也 转。 没 有
云 不 转 那 水 在 转, 水 不 转 那 山 也 转。 没 有

2 4 2 4 6. 5 | 5 — | 5 1 6 5 6 4 0 3 | 2 4 2 4 5 5 6 6 1. |
憋 死 的 牛, 只 有 愚 死 的 汉。
流 不 出 的 水, 没 有 搬 不 动 的 山。

2 4 2 4 5 6 5 2 4 2 4 5 6 1 | 5 1 i 6 5 5 4 3 |
蜘 蛛 吐 丝 画 它 自 己 的 圆, 那
没 有 钻 不 出 的 窟 窿, 没 有 结 不 成 的 缘, 那

2 4 2 4 5 6 5 2 4 2 4 5 6 1 | 6 1 6 1 3 2 1 — | 5 5 5 5 3 2 2 — |
太 阳 掏 洞 也 要 织 它 那 条 线。 再 深 的 巷 子,
小 曲 好 唱 唱 好 了 那 也 难。 再 长 的 路 程,

[结束句] [渐慢] [回原速]
6 1 6 1 3 2 ĩ — ‖ 6 6 6 6 i 3 3 — | 5 6 5 5 — — |
也 能 走 出 那 个 天。 D.C.也 能 绕 过 那 道 弯。
也 能 绕 过 那 道 弯。

6.《世界需要热心肠》

这是一首活泼开朗、充满朝气且适合通俗唱法演唱的歌曲。年轻、充满活力略带俏皮是歌曲的基调。歌词比喻生动:"一个篱笆三个桩,一个好汉三个帮。"它说明一个道理:"为了大家都幸福,世界需要热心肠"。这首歌曲的难度在节奏,大量的附点音符和切分音符的运用使得歌曲充满弹性与活力,具有浓郁的现代气息。演唱时要注意附点音符和切分音,节奏要准确,要表现歌曲豁达乐观的特点。

世界需要热心肠

1=F 4/4

进行曲风

乔 羽 词
谷建芬 曲

(3. 4 | 5 - 3 5 | 3 2 1 2. 3 | 4 4 3 2. |

1 0 0 0) | 1 1 2 2 | 3 4 3. 3. 1 | 6 4 5 5 2 |

1.一个篱笆 三个桩, 一个好汉 三个 帮,
2.一句知心的 话 语, 也许胜过 万钧雷霆,

2 0 0 3. 4 | 5 - 3 5 | 3 2 1 2. 3 | 4 4 3 2 1 |

为了大 家 都幸福,世界需 要 热心肠。
一声亲 切 的呼唤,能有起死回生 的力量。

1 0 0 0 | 1 1. 1 2 2 | 3 4 3. 3 1 1 | 6 4 5 5 2 |

人生的道路 多 曲折,人生的 道路又 漫长
干旱的土 地 需要泉水,幼小 禾苗需要太阳,

| 2 0 0 3̲4̲ | 5 - 3̲5̲ | 3̲3̲2̲ 1. 2̲3̲ | 4̲4̲ 3̲3̲ 2̲1̲ ‖

谁也难免 遇到险阻，谁也难免遇到忧伤。
为了一切 更美好，世界需要热心肠。

| 1 0 0 1̲1̲ | i̅ i̅ i̅ i̅ | i̅. 5̲ 5̲1̲1̲ | i̅ i̅ 5̲ 5̲3̲2̲ |

只要你我热情相助，懦夫也会变成金刚，

| 2 0 0 1̲1̲ | i̅ i̅ i̅ i̅ | i̅. 5̲ 5̲3̲3̲ | 2. 2̲ i̅ i̅ 7̲6̲ 5 |

只要你我热情相助，懦夫也会变成金　刚。

| 5 0 0 0 ‖: 1 1̲2̲2̲ | 3 4̲3̲. 3̲.1̲ | 6̣ 4 5̲5̲ 2 |

一个篱笆三个桩，一个好汉三个帮，

| 2 0 0 3̲4̲ | 5 - 3̲5̲ | 3̲2̲1. 2̲.3̲ | 4̲4̲ 3̲2̲ 1 |

为了大家 都幸福，世界需要热心肠。

| 1 0 0 3̲.4̲ | 5 - 3̲5̲ | 3̲2̲1. 2̲.3̲ | 4 - 6 - |

为了大家 都幸福，世界需要

| 6 0 7̲5̲ i̅ | i̅ - - - | i̅ - - 0 ‖

热心肠。

7.《信天游》

　　这是一首以陕北民歌音调为基本素材创作的歌曲,旋律优美而悲壮、苍凉。眼前仍然是沟壑纵横的黄土,山沟里仍然是风沙茫茫,一切的一切是那么熟悉,但童年在哪里呢?歌曲表现出对故乡贫瘠如故的苦闷、惆怅和岁月无情地流逝的无奈情绪。歌曲音域不宽,只有九度,以短句为主,演唱起来结合歌词内容,比较容易发挥。

信 天 游

齐志文 侯德健 词
解承强 曲

$1=^{b}B$ $\dfrac{4}{4}$

5 3 2 2 — | 5 #4 5 6 — | 2. 2 2 6 7 | 6 5 3 3 — |
我低头， 向山沟， 追逐流逝的岁　月，

0 6 6 6 2 | 2 #1 2 3 3 0 | 0 5 5 7 6 5 | 6 — — — |
风沙茫茫满　山谷，　　　不见我的童　年。

5 3 2 2 — | 5 #4 5 6 — | 2. 2 2 6 7 | 6 5 3 3 — |
我抬头， 向青天， 搜寻远去的从　前，

0 6 6 6 2 | 2 #1 2 3 — | 0 5 5 7 6 5 | 6 — — — |
白云悠悠尽情地游，　　什么都没改　变。

0 2 2 2 1 | 6 1 2 2 0 | 0 2 2 2 1 | 6 1 5 5 0 |
大雁听过 我的歌，　　小河亲过 我的脸，

0 2 2 2 1 | 6 1 6 6 0 | 0 1 1 3 2 1 | 2 — — — |
山丹丹开花 花又落，　　一遍又 一 遍。

0 2 2 2 1 | 6 1 2 2 0 | 0 2 2 2 1 | 6 1 5 5 0 |
大地留下 我的梦，　　信天游带走 我的情，

0 2 2 2 1 | 6 1 6 6 0 | 0 1 1 3 2 1 | 2 — — — ‖
天上星星 一点点，　　思念到 永 远。

8.《是你给我爱》

　　这是一首朴实的抒情歌曲,歌词句式很整齐,朗朗上口。曲子难度也不大,歌曲的音域跨度有十一度,但基本都在中声区,高音只在最后一个字上,这个字是开口音,也比较好唱。演唱时要注意每句的字词要连贯,不能断开,装饰音要处理好。

是你给我爱

1=♭E 4/4

♩=126　优美、抒情

张　藜 词
徐沛东 曲

(1　33 31 3 | 5 35 31 3 | 5 5 1 2 3 | 2 5 2 0 5 2 |

1　33 31 3 | 5 35 31 | 5 1 2 1 5 | ⁶/₄1 - - -)|

1 3 3 1 | 3 5 2 3 3 0 | 1 3 3 1 | 2 3 5 - - |
是 你 给 我　爱,　　　　　　爱 向 我 走　来,
是 你 给 我　爱,　　　　　　爱 向 我 走　来,

1 3 3 1 1 | 3 5 6 5 6 - | 5 6 5 5 1 3 | 2 - - - |
爱 是 甘 甜 的 露,　　　爱 是 美 的 情　　怀。
爱 是 夏 日 的 风,　　　爱 是 冬 天 一 把　柴。

1 3 3 1 1 | 3 5 2 3 3 0 | 1 3 3 1 1 | 2 3 6 - - |
爱 是 友 谊 的 珍　珠,　　　爱 是 青 春 的 光　彩,
爱 是 探 索 者 坚　贞,　　　爱 让 创 业 人 信　赖,

| 5̲ 1 1 3̲5̲ | 5̲ 1̲3̲ 2 — | 2̲ 2̲ 2̲ 2̲ 1̲6̲ | ⁶1 — — — |

爱 是 太 阳 的 祝　　福，　　爱 是 月 亮 的 期　　待。
爱 是 祖 国 的 乳　　汁，　　爱 是 妈 妈 的 自　　白。

| 5̲ 6̲ 6̲ 6̲ 6 — | 5̲ 6̲ 6̲ 6̲ 6 — | 5̲ 6̲ 5̲ 6̲ 5̲ 1 | 3 5 — — |

是 你 给 我 爱，　　是 你 给 我 爱，　　爱 向 我 身 边 走 来，
爱 向 我 走 来，　　爱 向 我 走 来，　　爱 就 来 自 心 灵 的 海，

| 5̲ 6̲ 6̲ 6̲ 6 — | 5̲ 6̲ 6̲ 6̲ 6 — | 5̲ 1 2̲ 1 5̲ | ⁶1 — — — |

是 你 给 我 爱，　　是 你 给 我 爱，　　爱 已 为 我 敞　　开。
是 你 给 我 爱，　　是 你 给 我 爱，　　海 把 我 浮　　起 来。

| ³5 — — 1̲5̲ | ²3 — — 1̲5̲ | 1 5̲ 5̲ 3̲1̲ | 2̲3̲ 2 — — |

呜　　　　　呜　　　　　呜

| ³5 — — 3̲1̲ | ¹̇6 — — 5̲6̲ | 5̲ 1 2̲ 1 5̲ | ⁶1 — — — ‖

嗨　　　　　嗨　　　　　爱 已 为 我 敞　　开。
　　　　　　　　　　　　海 把 我 浮　　起 来。

| 5̲ 1̲ 1̲ 2̲ 1 5̲ | ⁶1 — — — | 5̲ 5̲ 5̲ 5̲ 6̲5̲ | 1̇ — — — | 1̇ — — 0 ‖

海 把 我 浮　　起 来，　　　海 把 我 浮　　起 来。

9.《龙的传人》

这是一首深受全世界炎黄子孙喜爱的歌曲,中国人自古以来以龙为图腾,歌曲字里行间都流露着作为龙的传人的骄傲。全曲共四个乐句。音域不宽,高低音之间只有六度,但旋律流畅,歌词也很朗朗上口。在演唱时除了应注意吐字清晰、音准正确以外,最好是设计一定的形体动作配合演唱,这样效果会更好些。

龙的传人

[台湾]侯德健 词曲

1= C 4/4

| 6 7 i 2 3 2 | i i 7 6 — | 6 7 i 2 3 2 | i 7 i 2 3 — |

1.遥远的东方有 一条 江, 它的 名字就 叫 长 江,
2.百年前宁静的 一个 夜, 巨变 前夕的 深 夜 里,
3.古老的东方有 一条 龙, 它的 名字就 叫 中 国,

| 6 7 i 2 3 2 | i i 7 6 — | 7 7 7 i 7 | 6 6 5 6 — |

遥远的东方有 一条 河, 它的 名字就 叫 黄 河,
古老的东方有 一群 人, 他们 全都是 龙 的 传人,
枪炮声敲碎了 宁静 夜, 四面 楚歌是 姑 息 的 剑,

| 3 3 3 2 i | 2 2 3 2 — | i i i 2 i | 7 7 i 7 — |

虽不曾看见 长江 美, 梦里 常神游 长 江 水,
巨龙脚底下 我成 长, 长成 以后是 龙 的 传人,
多少年炮声 仍隆 隆, 多少 年又是 多 少 年,

| 3 3 3 2 i | 2 2 3 2 — | i i 7 i 7 | 6 6 5 6 — ‖

虽不 曾听见 黄河 壮, 澎湃 汹涌 在 梦 里。
黑眼睛黑头发黄皮 肤, 永永 远远是 龙 的 传人。
巨龙 巨龙你 擦亮 眼, 永永 远远地 擦亮 眼。

10.《少年壮志不言愁》

这是一首歌颂人民警察的歌曲,出自电影《便衣警察》,从歌词中我们就能感受到这些人民卫士为了国家的利益、人民的安全,不畏艰辛、不怕牺牲、勇于奉献的伟大精神。全曲分为两个部分:前半段两句,旋律舒缓,色彩较暗淡,表达出便衣警察们工作的艰辛和他们的意志;后半段也是对称的两句,音域不宽,只有九度,但旋律舒缓深情,易于表达感情。只要能把歌曲内容理解和把握好,把内在的激情表达出来,演唱效果就会不错。

少年壮志不言愁
电视剧《便衣警察》主题歌

林汝为 词
雷 蕾 曲

1=G 2/4

几度风雨 几度春秋,风霜雪雨搏激流。历尽苦难 痴心不改,少年壮志不言愁。金色盾牌 热血铸就,危难之处显身手显身手。为了母亲的微笑,为了大地的丰收,峥嵘岁月何惧风流。峥嵘岁月何惧风流。

11.《我的中国心》

这是大家都非常熟悉的一首歌曲。它表达了海外华人对祖国的一片深情厚谊。歌曲旋律主要分为两大段：第一段是深情的，"河山只在我梦萦，祖国已多年未亲近，可是不管怎样也改变不了，我的中国心"。第二段是加重语气推向高潮，"长江，长城，黄山，黄河，在我心中重千斤……"结束部分是把第一段旋律重复，尾句提高一个八度。演唱时要深刻理解作品的内涵，并充分地表现出来。

我的中国心

[香港]黄 霑 词
王福龄 曲

$1=\flat E \quad \frac{4}{4}$

(3 - 6 - | 1̇ 7 6 3̇ 1̇ | 6 - - - | 6 - - - | 3 - 3̇ - |

2̇ 3̇ 2̇ 1̇ 7 | 6 - - - | 6 - - -) | 6. 3 2 3 1 7 | 6̣ - - 0 |
　　　　　　　　　　　　　　　　　　　河　山只在我梦　萦，

3 6 5 3 2 1 2 | 3 - - 3 5 | 6. 7 6 5 3 2 | 1 1 2 3 - |
祖国已多年未亲　近，　　可是 不管怎样也改 变不 了

2. 3 7 6 5 | 6̣ - - 0 | 6. 3 2 3 1 7 | 6̣ - - - |
我 的 中 国 心。　　　　洋装虽然穿在　身，

3 6 5 3 2 1 2 | 3 - - 3 5 | 6. 7 6 5 3 2 | 1 1 2 3 - |
我心依然是中　心。　　我的祖先早已把　我的一切

2. 3 7 6 5 | 6̣ - - 0 3 ‖: 5. 3 3 0 3 | 1̇. 6 6 6 1̇ |
烙上中 国 印。　　长 江、长城、黄　山、黄河，在我

| 6 5 1 <u>2 1 2</u> | 3 - - 0 3 | 1̇. <u>6</u> 6. <u>6</u> | 1̇. 2̇ 3̇ - |
| 心 中 重 千　　　斤； 不　论 何 时， 不　论 何 地，

| 3̇ 3̇ 2̇ 7. <u>5</u> | 6 - - 0 | 6̣. <u>3</u> <u>2 3</u> 1 <u>7</u> | 6̣ - - - |
| 心 中 一 样 亲。 流 在 心 里 的 血，

| <u>3 6 5 3 2 1 2</u> | 3 - - <u>3 5</u> | 6. <u>7</u> <u>6 5</u> <u>3 2</u> | 1 1 2 3 - |
| 澎 湃 着 中 华 的 声 音， 就算 生 在 他 乡 也 改 变 不 了

|「1.
| 2. <u>3</u> <u>7 6</u> 5 | 6 - - (<u>0 3 6 7</u> | 1̇. <u>7</u> 7. <u>6</u> | 6. <u>3</u> 3 - |
| 我 的 中 国 心。

| 6̣. <u>4</u> 4 3 | 2 - - 0 | 7. <u>6</u> 6. <u>5</u> | 5. 2 2 - |

|「2.
| <u>0 3</u> <u>1 2</u> <u>3 7</u> | 6 - -) <u>0 3</u> :‖ 6 - - - | 6 - - 0 ‖
| 长。 心。

第2章 舞蹈表演

舞蹈表演是考生们在高考才艺展示中经常选择的项目。通过几年来参加艺术面试的实践,我们感到许多考生在舞蹈时很明显的问题是缺乏舞蹈基本训练,最突出的表现是舞姿不到位,其次是舞蹈的方位感不强,对自己的舞蹈动作所展开的幅度以及相应所需的空间大小估计不足,常常会出现位置偏离,返回原地再继续。这样势必影响舞蹈的整体效果,也影响考试成绩。所以考生在选择舞蹈表演之前,首先应该掌握一些舞蹈的基本知识和要领。

第一节 形体基本训练

形体基本训练,是舞蹈训练的第一步。它是以芭蕾的把杆训练为基础,逐步进入到更有特征的训练,达到脚下的灵活敏捷、肩部的松弛自如、臂与腕部的柔韧优美。

一、基本脚位

一位脚:手扶把杆,先放支撑腿,再放动作腿,全脚放松外开,贴着地面,不能重心偏前或偏后,上身要直,膝部也要直,重心在两条腿上,两脚跟靠拢,成一直线。

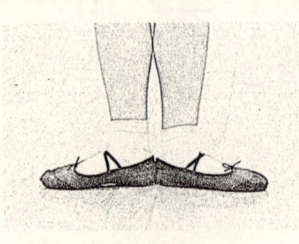

(一位脚)

二位脚：两脚跟分开站平，中间是一个脚的距离，也是全脚掌贴地，重心在两条腿上。

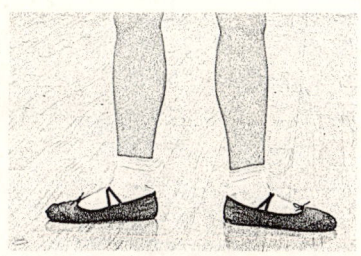

（二位脚）

三位脚：先站支撑腿，再把动作腿的脚跟放在支撑脚的中间，双脚相互紧贴，前脚遮住后脚的一半。

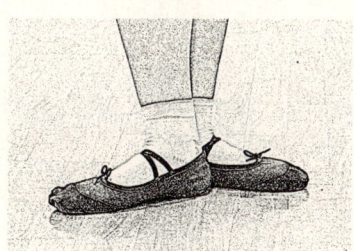

（三位脚）

四位脚：两脚外开，前后分开，距一个脚的长度，重心落在两脚之间。

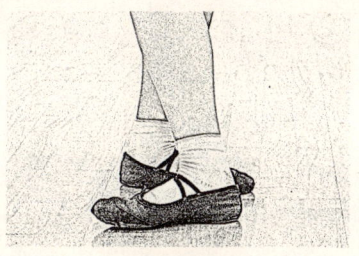

（四位脚）

五位脚：先站外开的支撑脚，再把动作腿的脚放前，使两脚尖跟并齐。

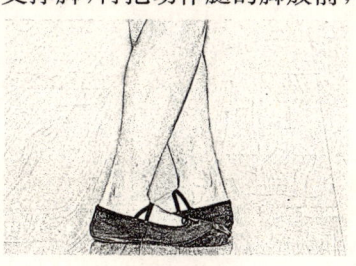

（五位脚）

二、基本手法

一位手：双手自然下垂，再向里弯曲，手心向上，双手中指相对，距离三指宽左右，两肘成弧形，手、肘都不要靠身体。

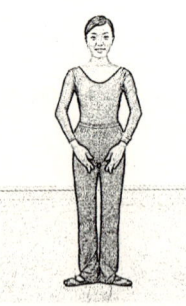

（一位手）

二位手：在一位手的基础上，双手平抬至胸部，两肘仍保持弧形。

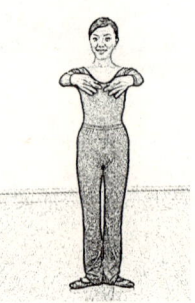

（二位手）

三位手：在二位手的基础上，两肘仍保持弧形，继续往上抬至眼睛能看到的部位，两手指间保持较近的距离，肘一定要往旁开。

（三位手）

四位手：左手不动，右手下移至胸口，两肘仍保持弧形。

（四位手）

五位手：左手不动，右手心微向上，向右打开至右侧。手臂仍是弧形。

（五位手）

六位手：右手不动，左手从上方移至胸口，手臂呈弧形。

（六位手）

七位手：右手不动，左手心微向上，手臂向左侧打开，和右手对称。

（七位手）

练习时的节奏以八拍一个手位，每个手位过渡时，动作要平稳、到位。

三、把杆基本动作训练

学习舞蹈首先要学会正确的"站立"，使形体摆脱自然状态，形成一个直立、挺拔的体态，这就是舞蹈的基本体态。在舞蹈中，如果没有一个好的"站"，就没有好的"蹲"；没有好的"蹲"，就没有好的"跳"；没有正确的"站立"，就不会有稳定的重心；没有稳定的重心，就不会有好的旋转和舞姿造型。因此，掌握舞蹈的正确体态，是舞蹈基本训练的第一步。

舞蹈的站立，不同于一般自然状态的站。舞蹈者的脚趾像树根一样，牢牢地抓住地面，脚掌推地而立，脚心弓起，重心放在前脚掌上；双膝挺直，腿部肌肉收紧，胯部上提，腰部撑立（提胯撑腰），收腹紧臀；后背平直，胸部自然挺起；双肩打开往下"压"，颈往上"长"，头向上"钻"，手臂自然下垂。身体各部位保持以上的状态，就形成了一种正直、挺拔而又自然的站立，这是舞蹈中始终要保持的一种美的体态。

一位站姿预备：两脚尖外开、两腿并拢、膝盖挺直、两肩放下、两臂自然下垂，（也可一手搭扶把杆；另一只手以二位打开）挺胸、收腹、收臀、目光平视。

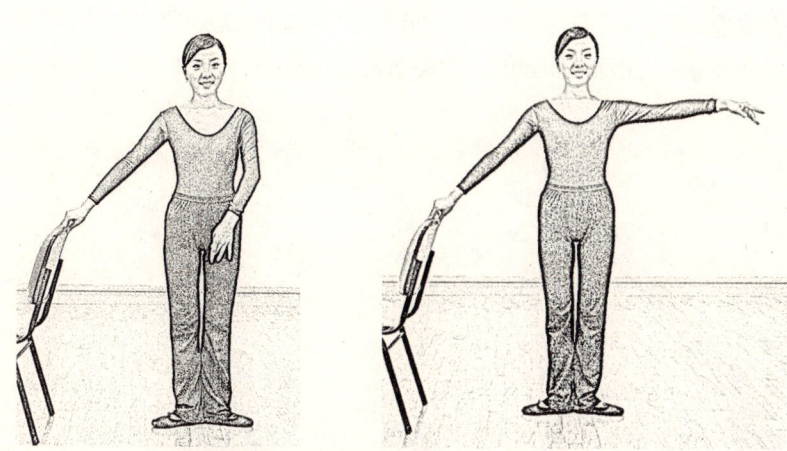

（一位站姿的准备姿态）

一位旁擦地绷：支撑脚站直，姿态脚全脚放松，外开擦地出旁，逐渐绷直，中间不能停顿，用脚趾的中间部分点地，不能用大拇指，也不能用小拇指点地，脚跟往前顶。收回一位时，外面的脚跟打开，贴紧地面收回一位。每个动作数八拍，四拍出，四拍收。

（一位擦地）

五位前、旁、后擦地绷：准备动作时如左脚在前为动作腿，则右手扶把杆，左手放在准备位置。反之亦然。

往前擦地绷时，动作腿脚尖贴地擦出，与支撑腿脚跟成一直线，脚尖点地，脚背绷紧,脚跟往前挺,胯要收住。每个动作数八拍,四拍出,四拍收。

往旁擦地绷时,注意身体要挺直,不能偏向把杆,胯也是要收住。节奏同前。

往后擦地绷时,注意动作腿的脚背要绷紧向外侧,脚跟要往下压。节奏同前。

（五位准备姿态）

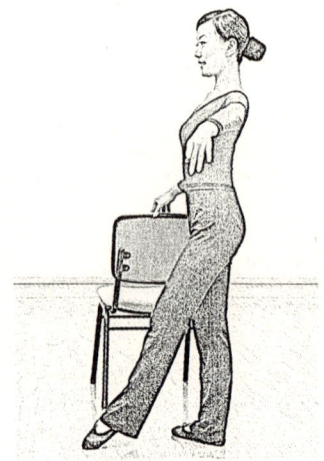

（五位前擦地）

（五位旁擦地）

（五位后擦地）

小踢腿:五位脚准备,前、旁、后每个方向四个,八拍一个。如右手扶把杆,则左脚在前先做。反之亦然。

第一拍,支撑腿挺直不动,动作腿向前踢出45°高定住,脚背绷紧外开,脚后跟尽量向前亮出,动作要干净、有力。数至第五、六拍时,脚尖轻轻点地,第七拍脚尖外开往回收,第八拍完全收好五位。

旁踢腿时注意,支撑腿要控制住,身体不要倒向把杆,动作腿收回五位时,先收前,再收后。节奏同前。

后踢腿时同样要注意,身体依然要挺直,不要向前倾。节奏也同前。

（前踢腿）　　　　　（旁踢腿）　　　　　（后踢腿）

一位下蹲:这是为了提高肌肉的韧性和力度的训练。先可双手扶把杆练习,后单手扶把杆练习。脚一位站好,重心在两条腿上,上身挺直,慢慢下蹲,打开胯和膝;慢慢起直,双膝挺直。下蹲八拍,起直八拍。

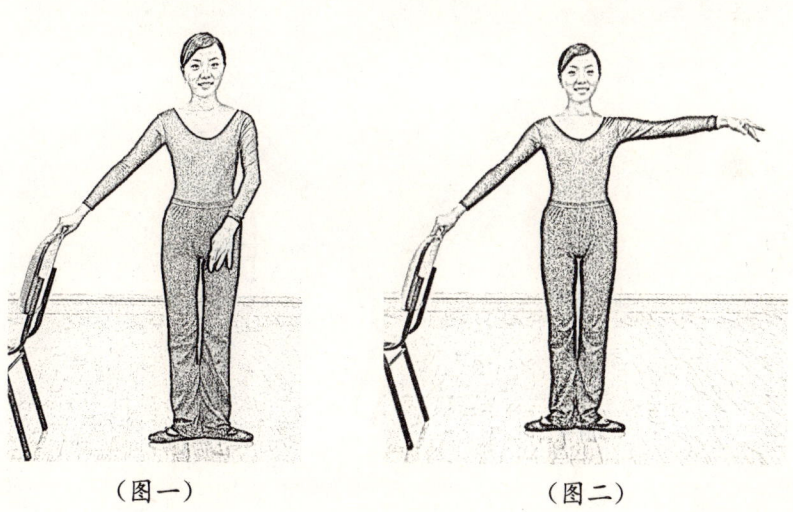

（图一）　　　　　　　（图二）

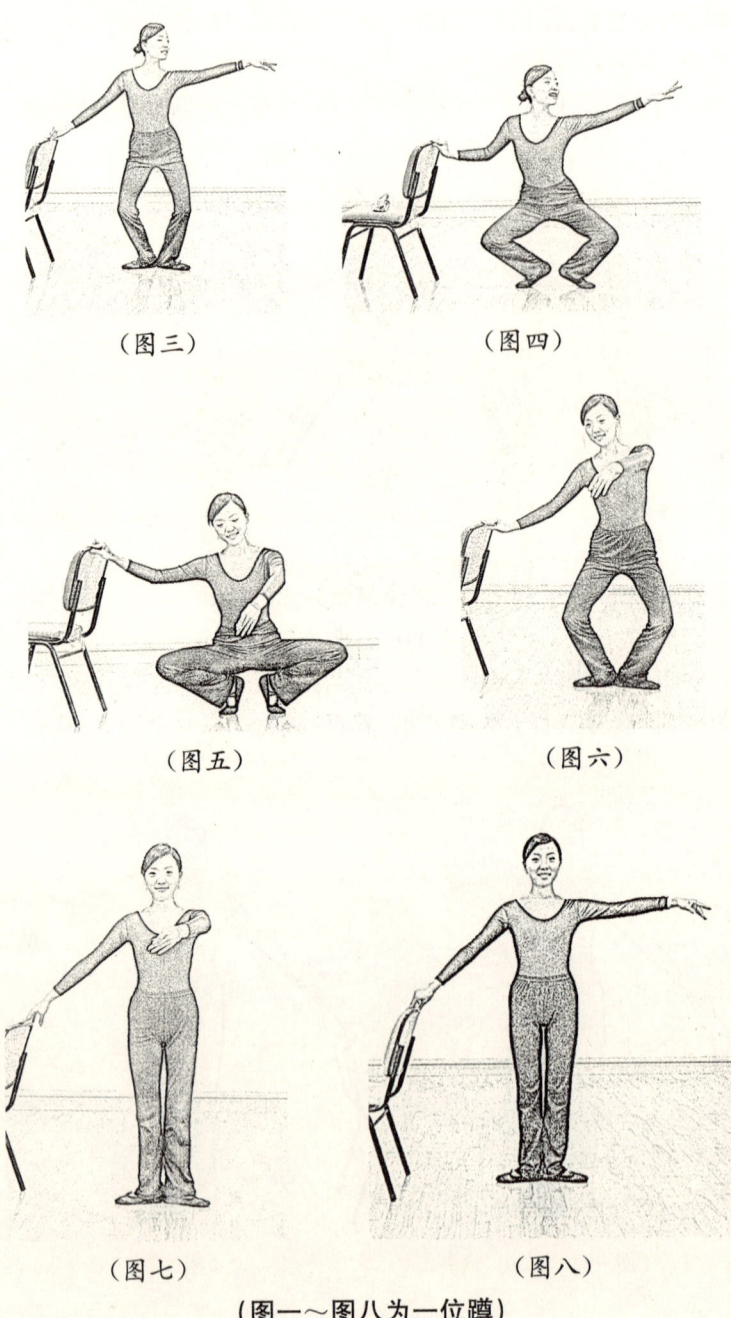

（图三）　　　　　（图四）

（图五）　　　　　（图六）

（图七）　　　　　（图八）

（图一～图八为一位蹲）

四、舞台方位图

舞台一般分为八个方向。

一切舞蹈动作必须在恰当的方向和位置上才能准确地表现出来,因而舞蹈者面向哪个方向、脚站在哪个位置、眼看哪里,都有严格的要求。所以,舞蹈者对自身的平面角度和方向应有一个明确的概念。

人的平面方位应与舞台方位一致,一般以舞蹈者自己身体的正前方为标准,每向右转45°为一个方向,共分八个方向(见图)。图中为了记述方便称作1点,2点……8点,表演者应以此为准,确定身体的朝向。

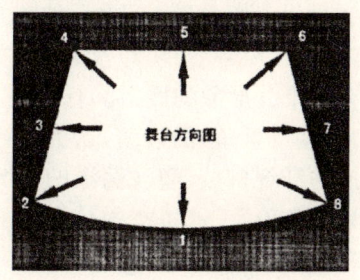

第二节 民族舞

我国是一个多民族的国家,各个民族有着自己独特的风俗民情和文化背景,在长期的生活中也产生了不同的舞蹈,目前具有代表性的民族舞蹈有:汉族舞、新疆舞、藏族舞、蒙古舞、傣族舞等。这些舞蹈个性鲜明,风格迥异。

(1)汉族舞。秧歌舞属于汉族舞中的大众化民间舞蹈,主要是以东北二人转的风格流传至今。

(2)新疆舞。新疆舞蹈活泼优美,步伐轻快灵巧,身体各部分的运用较为细致,尤其是手腕和舞姿的变化极为丰富。

(3)藏族舞。云南藏区历来被誉为"歌舞的海洋",每逢佳节、喜庆、重大聚会,人们便盛装欢聚,高歌狂舞,通宵达旦。云南藏族舞蹈主要有"卓"、"弦子"、"热巴"(勒巴)、"尼西情舞"、"羌姆"及"酒歌"、"刀舞"、"棍舞"、"龙舞"等。

(4)蒙古舞。节奏欢快,动作刚劲有力,以抖肩、揉臂和马步最有特色,表现了蒙古族人民淳朴、热情、粗犷的气质。传统的舞蹈有"马刀舞"、"筷子舞"、"安代舞"等。

(5)傣族舞。以孔雀舞和水为主要表现内容,多为表现孔雀飞跑下山、漫步森林、饮泉戏水、追逐嬉戏、拖翅、晒翅、展翅、抖翅、亮翅、点水、蹬枝、歇枝、开屏、飞翔等。

(6)土家族舞。又称摆手舞,土家话为跳"舍巴",称跳舞的日子为"舍巴日"。其主要动作是踏脚、摆手、弯腰。特点为左、右手和左、右脚同出,即摆同边手、脚。

(7)朝鲜族舞。主要形式有"农乐舞"、"假面舞"、"剑舞"、"长鼓舞"、"扁鼓舞"、"扇舞"、"拍打舞"等。动作多为即兴性的。其特点是幅度大,表演者的内在情绪与动作和谐一致,长于表现潇洒、欢快的情绪。其伴奏音乐旋律优美,节奏多变。

本书限于篇幅只对前五个民族舞蹈进行介绍。

一、汉族舞

汉族舞蹈主要包括安徽花鼓灯、山东鼓子秧歌、安塞腰鼓、广东英歌、湖南花鼓、辽南高跷、东北秧歌等。这里我们主要介绍东北秧歌的一些特点和主要动作。

东北秧歌是广泛流传在东北城乡各地,以汉族为主体的民俗歌舞艺术。关于东北秧歌的表演风格,有着十分形象的概括。有的说"迎风胸,杨柳腰,轻抬慢落水上漂"。这里指的是"上装"(旦角)的表演,认为应当轻盈、柔美、流畅,要肩活、腰活、膝活,如微风吹拂的纤纤柳枝、碧波荡漾的一叶轻舟。有的说"丑中见美,笨中求巧,傻中见乖,呆中求俏"。这里指的是丑角的表演,要求把痴傻笨呆这些应被否定的"丑",与精、巧、乖、俏的表演矛盾地统一起来。有的说"要安心浪,别连根晃"。"浪"是扭的意思,说的是舞蹈要有规则地扭而不要无规则地晃。

就东北秧歌的舞蹈而言,其总的特点就在一个"扭"字,所以俗称"扭秧歌"。东北秧歌的舞步可以分为走、扭、跳、跑几类。

除变化繁多的舞步之外,东北秧歌的舞手绢也是丰富多彩的。东北秧歌的舞手绢(俗称"手绢花")有挽花、片花、掏花、缠花、抖花、甩花、分合花、交替花、鸳鸯花、五花、滚花、撩花、护头花、蛤蜊花、提瓶花、佛手花、兰花、金身花等十几种。此外,还有托、顶、抛、旋、转、叼等高难度舞手绢技巧。

汉族秧歌舞的典型动作造型如图所示:

(踏步半蹲)

1. 手绢花双膝跪地

（图一） （图二） （图三）

（图四） （图五）

（图六） （图七）

（图一～图七为手绢花双膝跪地）

2. 手绢花站姿组合

(图一)　　　(图二)　　　(图三)

(图四)　　　(图五)　　　(图六)

(图七)　　　(图八)　　　(图九)

第二章 舞蹈表演

（图十）　　　　　（图十一）　　　　（图十二）

（图十三）　　　　（图十四）　　　　（图十五）

（图十六）　　　　（图十七）

（图一～图十八为手绢花站姿组合）

（图十八）　　　　　（图十九）

（手绢花还原姿态）

二、新疆舞

新疆舞蹈活泼优美，步伐轻快灵巧，身体各部分的运用较为细致，尤其是手腕和舞姿的变化极为丰富。北疆以伊犁为代表，它的赛乃姆舞蹈，吸收了一些其他民族的舞蹈成分，动作潇洒豪放，轻快利落，不时出现戛然静止和幽默风趣的小动作；东疆以哈密为代表，这里的赛乃姆音乐比较缓慢，节奏中保留了不常见的节拍，舞蹈动作稳重，手腕的变化不大，基本是半握拳式，在头上左右摆动，单步较多。由于各地区的赛乃姆风格特点不同，所以群众习惯在赛乃姆前面冠以地名以示区别，如喀什赛乃姆、伊犁赛乃姆等。伴奏乐器一般有弹拨尔、热瓦甫、都它、沙塔尔、达甫（即手鼓）等。手鼓在赛乃姆中起着重要作用，既掌握速度，又以响亮流畅的鼓声渲染气氛，鼓舞人心。

1. 新疆舞的典型动作造型

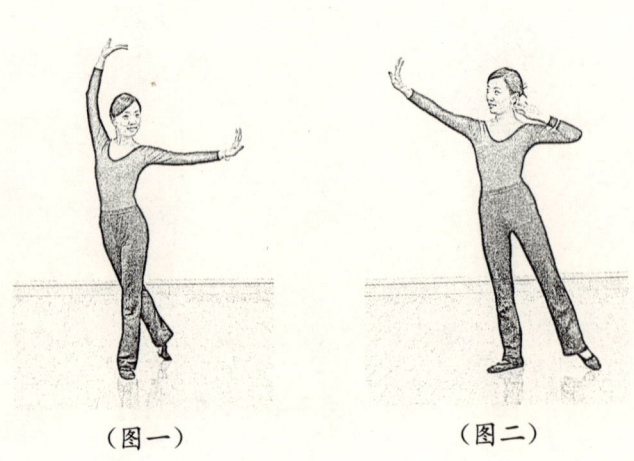

（图一）　　　　　（图二）

（图三） 　（图四） 　（图五）

（图六） 　（图七） 　（图八）

(图一～图八为新疆舞典型动作造型)

2. 新疆维族舞动脖姿态

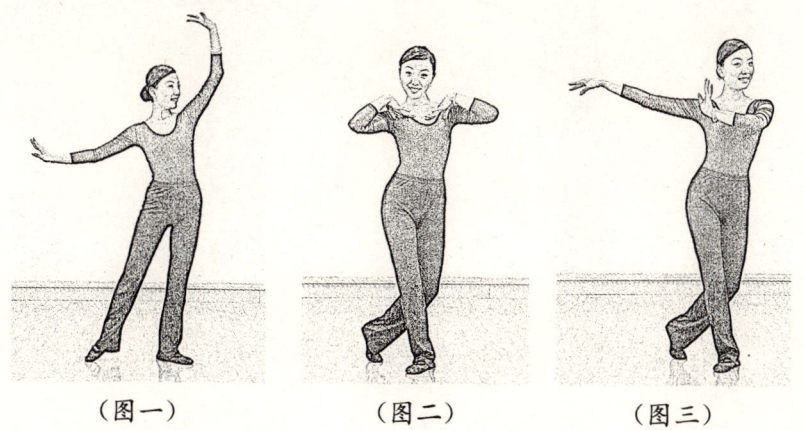

（图一）　（图二）　（图三）

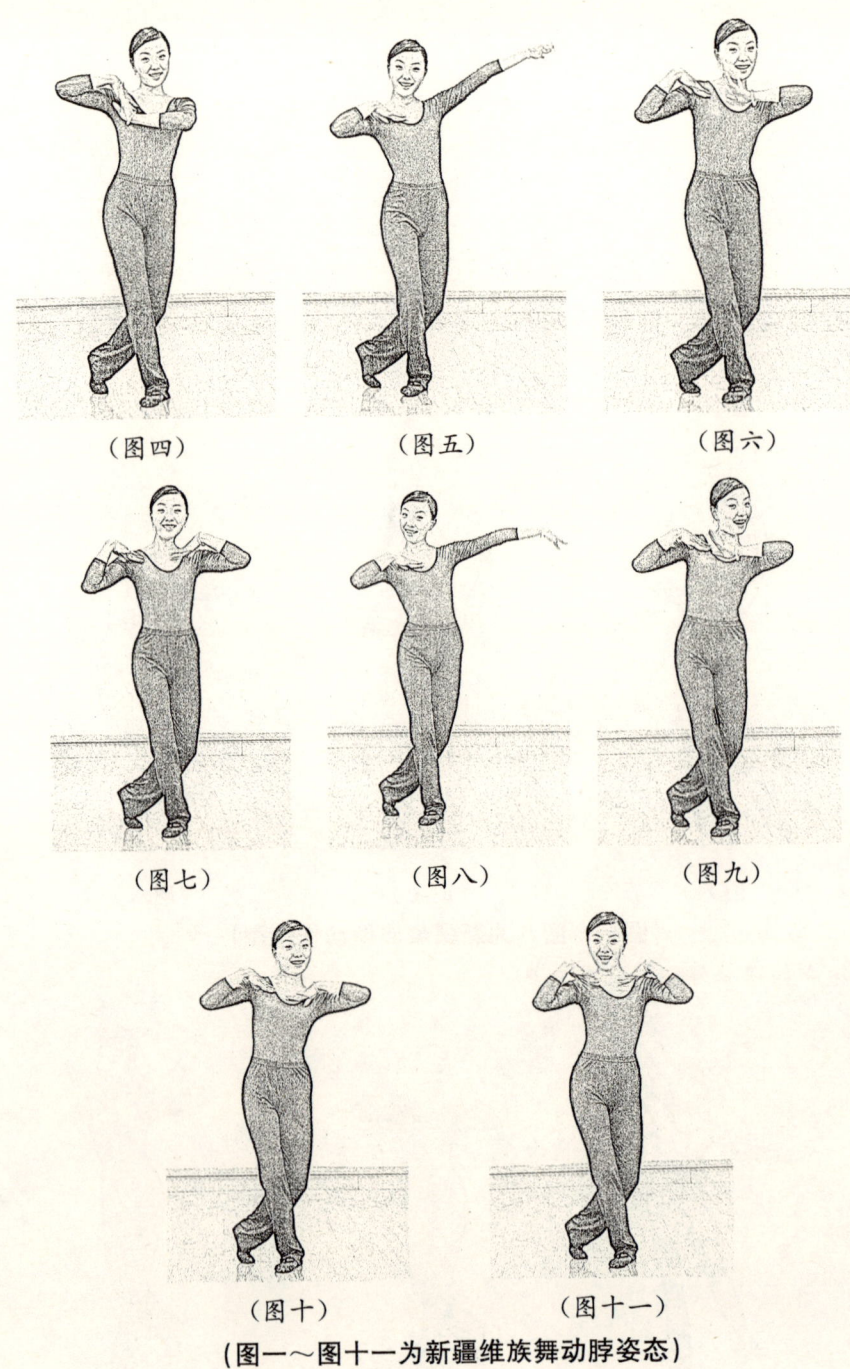

（图四） （图五） （图六）
（图七） （图八） （图九）
（图十） （图十一）
(图一～图十一为新疆维族舞动脖姿态)

3. 翻掌组合

（图一） 　　　（图二） 　　　（图三）

（图四） 　　　（图五）

（图一～图五为翻掌组合）

三、藏族舞

藏族舞蹈有着不同的类型和不同的风格，虽然它们都具有各自独特的个性和固有的审美要求，但它们又都包含共同的精髓元素，以及共同的动作规律。这种精髓元素和规律构成了整个藏族舞蹈的审美概念。

"颤"、"开"、"顺"、"左"、"绕"是各种不同藏舞的共同特点，或称为藏族舞蹈的五大元素，从而构成了它区别于其他兄弟民族舞蹈的美学概念。

这五大元素的形成，是与藏族人民的历史条件、社会制度、风俗信仰、地理环境、生产方式、文化传统等有着密切联系的，是长期在人民群众中凝成的审美标准。

藏族舞蹈的步伐、舞姿十分丰富，从脚部动作上可概括为"蹭"、"拖"、"踏"、

"蹉"、"点"、"掖"、"踹"、"刨"、"踢"、"吸"、"跨"、"扭"等基本步伐；从手部动作上可归纳成"拉"、"悠"、"甩"、"绕"、"推"、"升"、"扬"等七种变化。

藏族舞蹈中除上述共有的主要特点外，在舞蹈的动律上还普遍存在着最基本的"三步一变"、"后撤前踏"、"倒脚辗转"、"四步回转"的共同规律。在这种共同规律的基础上产生出种种不同的变化，再加上手势的运作、腰身的韵律、音乐的区别而构成不同的舞蹈风格。

藏族舞的典型动作造型如图所示：

1. 旋子

（图一） （图二）

（图一～图二为旋子）

2. 踢踏步

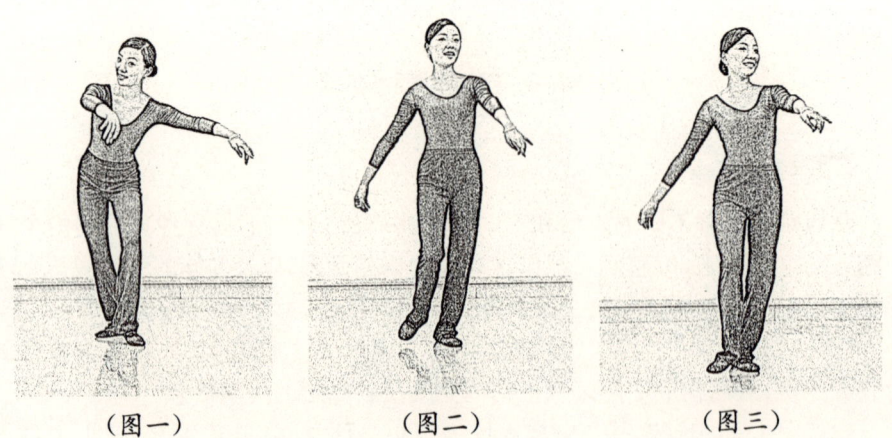

（图一） （图二） （图三）

（图四） 　　　　　（图五） 　　　　　（图六）

（图七） 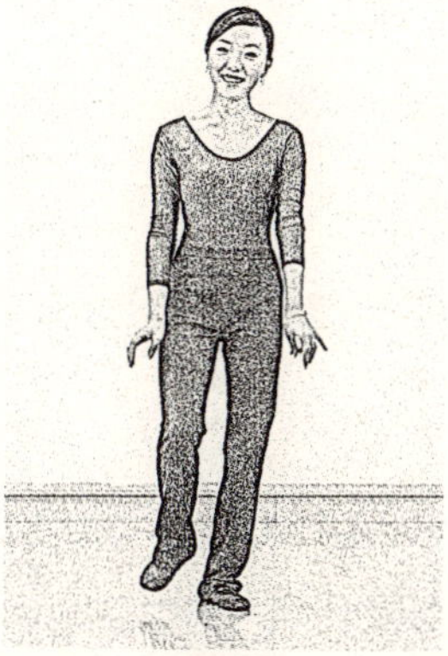　　　　　（图八） 　　　　　（图九）

(图一～图九为踢踏步)

3. 长袖舞组合

（图一）　　　　　（图二）　　　　　（图三）

（图四） （图五）

（图六） （图七）

(图一～图七为长袖舞组合)

4. 锅庄舞组合

（图一） （图二） （图三）

第二章 舞蹈表演

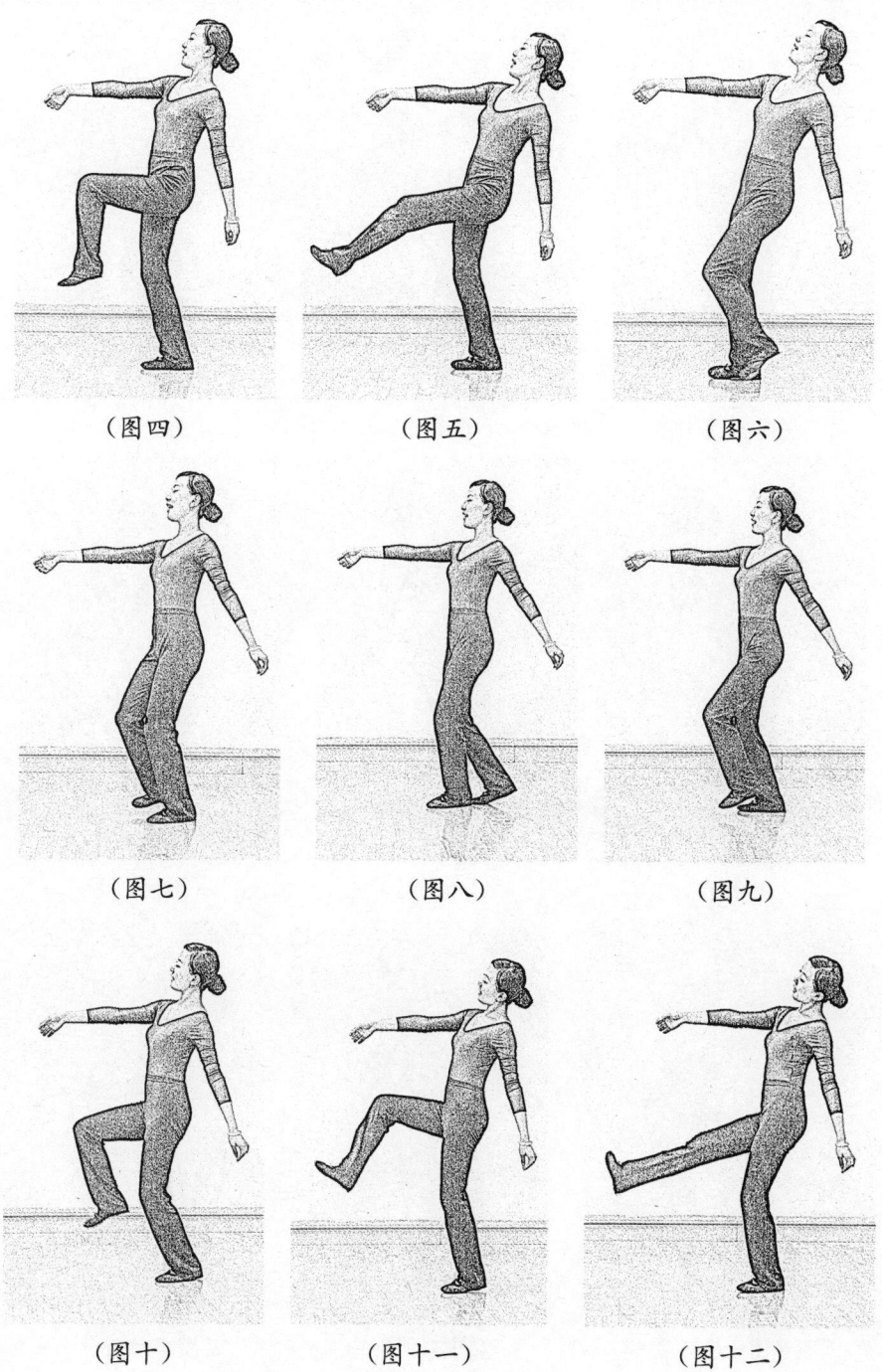

（图四）　　　　（图五）　　　　（图六）

（图七）　　　　（图八）　　　　（图九）

（图十）　　　　（图十一）　　　（图十二）

艺术才能与表现方法

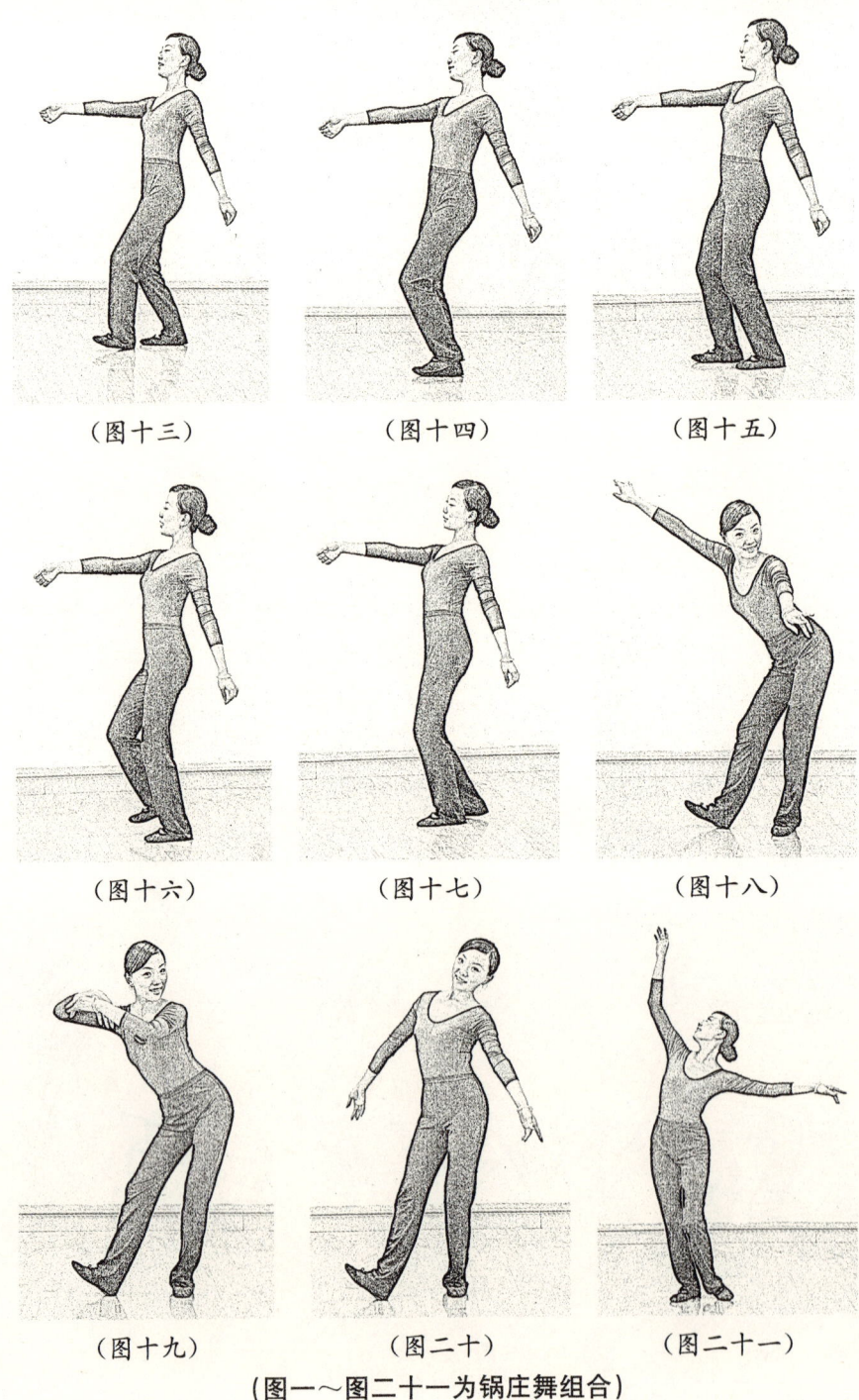

（图十三）　　　（图十四）　　　（图十五）

（图十六）　　　（图十七）　　　（图十八）

（图十九）　　　（图二十）　　　（图二十一）

（图一～图二十一为锅庄舞组合）

四、蒙古舞

蒙古民族是典型的"马背民族",漫漫草地和茫茫大漠塑造了蒙古族人民粗犷、豪放、强悍的性格特征,穹庐般的天宇之下到处是马背游子的足迹。典型的游牧文化和狂放的生活习俗,造就了草原人民不羁的个性。在他们的生活中,马是唯一可以信赖与依托的精神支柱。由特定的自然与人文环境而形成的马姿、马舞成为基本的舞蹈样式。

蒙古舞的基本体态为前点步位,上身略后倾,颈部稍后枕,手形姿态多为持马鞭状。以此展开的肩部、手部和臂部及步伐和马步的训练,无不贯穿着一种蒙古人民的基本形象和精神气质,透过这种情感、形态、运气、发力的典型表现,体现出一种"圆形、圆线、圆韵"的东方思维观念和文化精神。

马步的训练是一种特殊的动作训练,是腿脚与上身相结合的模拟性训练,它不仅可以使舞者脚下灵活敏捷,具备完成技巧和跳跃的能力,而且能准确把握草原民族的性格特征和审美心理。

肩的训练是在松弛自如的状态中具有力度,具有韧性、弹性和灵活性的动作,使肩部的运动不仅在体能上达到运用自如,更强调它与情感的起伏产生特殊的表现力。

手、臂的训练依然遵循的是"圆"的思维逻辑,是肩部动作的延伸和波及,即从腰到肋、肩、上臂、肘、小臂、手、指尖一条弧线的延展。

蒙古舞的典型动作造型如图所示:

1. **硬肩组合**

(图一)　　　　　(图二)　　　　　(图三)

(图一~图三为硬肩组合)

2. 软肩组合

（图一） （图二） （图三）

（图四） （图五） （图六）

（图七） （图八） （图九）

（图一～图九为软肩组合）

3. 骑马姿态

（图一）　　　　　（图二）

（图三）　　　　　（图四）

（图一～图四为骑马姿态）

4. 蒙古舞基本姿态

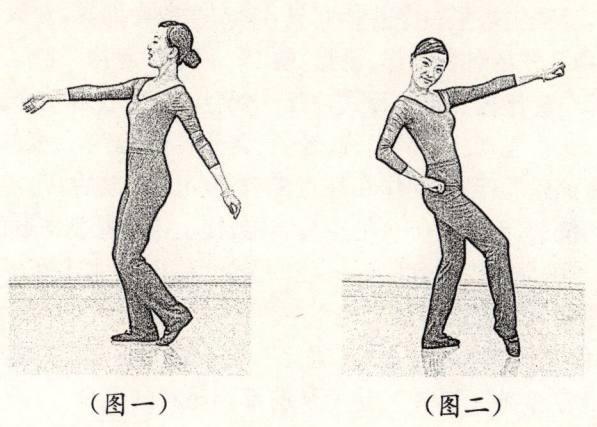

（图一）　　　　　（图二）

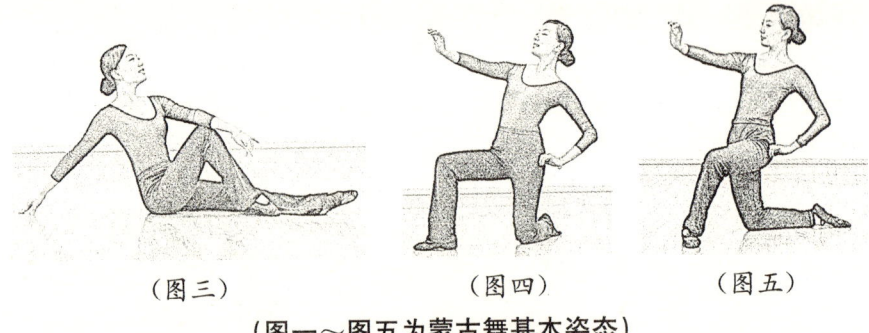

（图三）　　　　　（图四）　　　　　（图五）

（图一～图五为蒙古舞基本姿态）

五、傣族舞

傣族的舞蹈丰富多彩，按舞蹈的方式可以分为群舞、单人舞、对舞、器械舞等；按其所表现的内容可以分为孔雀舞、象脚鼓舞、刀舞、蜡条舞、长指甲舞、捞鱼舞以及马鹿舞、狮子舞等。其中，以象脚鼓舞和孔雀舞最著名。

象脚鼓舞的特点是动作节奏性强，手的敲打、腿的踢踏、胸部的拱缩、肩的耸动、身躯的仰俯都按固定的节奏动作。

小象脚鼓舞以灵活轻巧见长，可进行斗鼓、赛鼓活动，以踢中对方或扯下对方的头巾为胜。中象脚鼓舞扎实稳重，以鼓音和鼓尾摆动大小定优胜。大象脚鼓鼓声宏大，主要在群众性舞蹈场合中做伴奏，舞步比较简单。

象脚鼓舞具有最广泛的群众基础。每当插秧结束后，傣家人常常在象脚鼓的伴奏下翩翩起舞。许多地方有赛鼓之风。赛鼓时，许多象脚鼓同时敲响，鼓声震天，喧声雷动，场面壮丽动人。

傣族人喜爱孔雀，并以跳孔雀舞来表现自己的民族性格，表达美好的理想和愿望。孔雀舞多在节庆的日子里表演。过去表演仅限男子，表演时还要身着形似孔雀的装饰，脸戴尖塔形白净菩萨面具，单人舞戴女面具，双人舞戴一男一女面具。舞姿模拟孔雀的各种动作，已形成出窝、下坡、起舞、找水、照影、饮水、洗澡、展翅飞翔等一套比较固定的程式，有严格的步法、方位和动作组合，以雕塑性舞姿造型见长，着重表现孔雀的温驯、轻巧、美丽善良、婀娜多姿的特点。孔雀舞以象脚鼓、铓锣等乐器伴奏，动作和鼓点配合严格。解放后，孔雀舞经过加工改造，丰富了舞蹈情节，丢弃了沉重的道具装饰，换上了有孔雀图案的衣裙，充分发挥了舞蹈者体态的曲线变化和眼、手、腿的灵活运用，大大丰富了孔雀舞的表现形式和内容，使孔雀舞更加活泼优美。

傣族舞蹈体态的基本特征是"三道弯"：第一道弯从立起的脚掌至弯曲的膝部，第二道弯从膝部到胯部，第三道弯从胯部到倾斜的上身。

手臂的动作也是三道弯:指尖至手腕,手腕至肘,肘至臂。

腿部的动作还是呈三道弯:立起的脚掌至脚跟,脚跟至弯屈的膝,膝至胯。其舞姿造型上的"三道弯"即是模仿栖息在树桩上的孔雀,那长长的尾翅垂下来的自然的三道弯形态。

傣族舞蹈律动的基本特征是"一顺边"。舞姿"一顺边"来自于人们的劳动生活,如傣族姑娘挑水、挑谷、扬场劳动时的步态和形态。又如农家活中,手拿特大的簸扇风筛选谷时,手、脚、身体一致,都顺着一个方向,因而在舞姿造型上不仅有"三道弯"的特点,也具有"一顺边"之美。男子舞蹈时还有较大幅度的俯仰、转身和划动手臂动作。

傣族除了喜爱表现孔雀外,另一喜爱表现的题材是水。傣族谚语有,"大象跟着森林走,傣家偎着清水走"。傣族先民自古以来就是临水而居的民族。从傣族民族的文化风情、传说故事来看,都多与水紧紧相关。每年傣族都有一个重大的节日——泼水节,因此,舞蹈中也非常喜爱表现"水"这一题材。

1. 傣族水傣舞姿态

(图一)　　　　　　(图二)　　　　　　(图三)

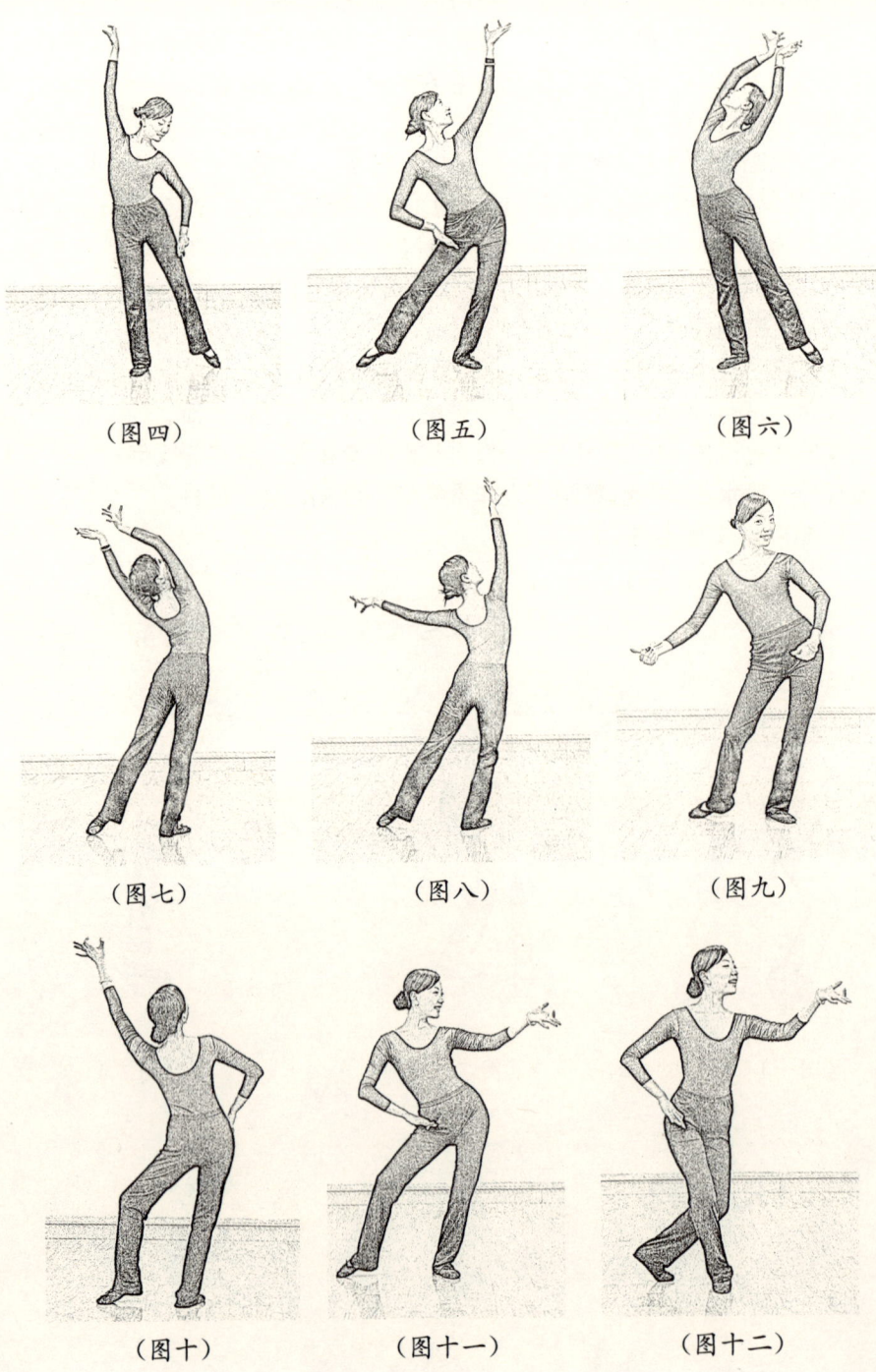

（图十三）　　　　　（图十四）

（图一～图十四为傣族水傣舞姿态）

2. 傣族舞走姿态

（图一） 　　　　（图二） 　　　　（图三）

（图四） 　　　　（图五） 　　　　（图六）

（图一～图六为傣族舞走姿态）

3. 傣族舞基本姿态

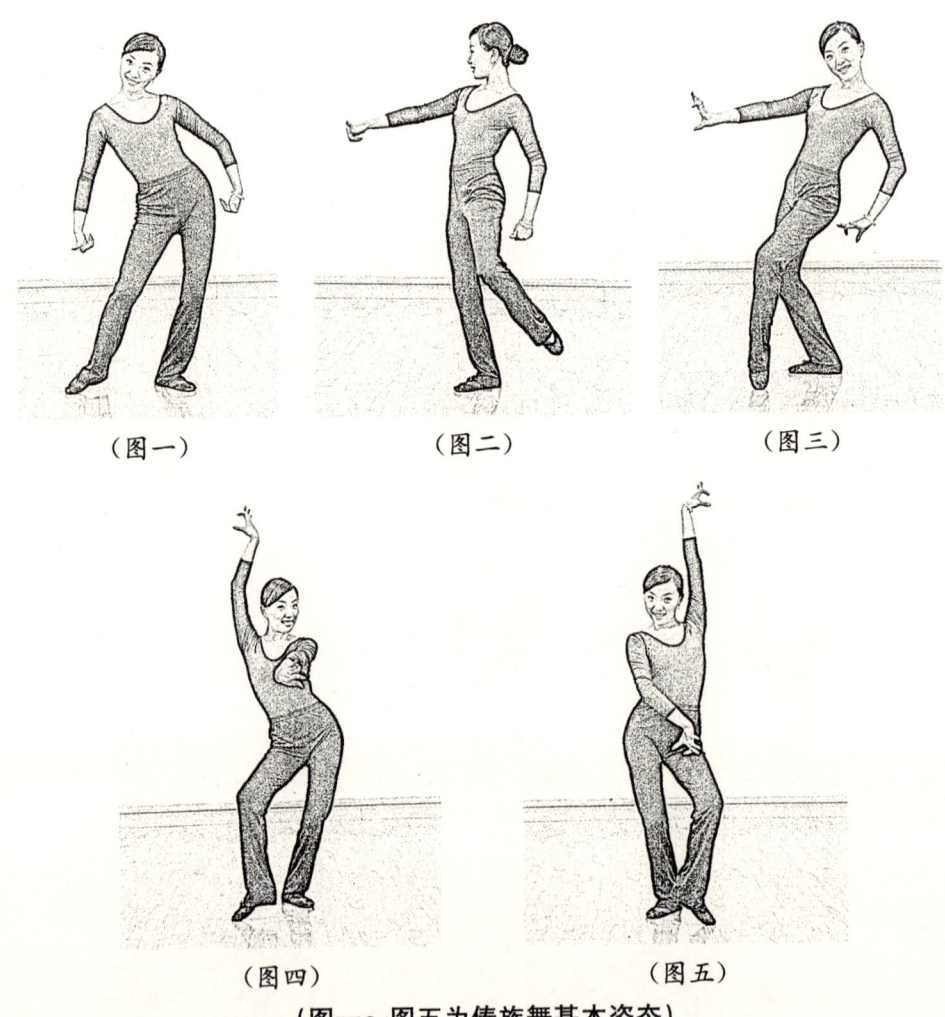

(图一)　　　　　(图二)　　　　　(图三)

(图四)　　　　　(图五)

(图一～图五为傣族舞基本姿态)

第三节　舞蹈基本造型动作的编排

　　选择舞蹈表演的同学,考试前可以下列舞蹈动作造型进行模仿练习,同时也可在其中选择动作组合编成较完整的舞蹈,配以合适的音乐进行表演。

1. 舞蹈基本姿态

（图一）　　　　　（图二）

（图三）　　　　　（图四）

2. 四位吸腿转

（图一）　　　　　（图二）

艺术才能与表现方法

（图三）　　（图四）　　（图五）

（图六）　　（图七）　　（图八）

（图九）

（图一～图九为四位吸腿转）

3. 舞蹈基本姿态

（图一）　　　　　（图二）　　　　　（图三）

（图四）　　　　　（图五）　　　　　（图六）

（图七）　　　　　（图八）　　　　　（图九）

艺术才能与表现方法

（图十）　　　　　（图十一）　　　　　（图十二）

（图十三）　　　　　（图十四）　　　　　（图十五）

（图十六）　　　　　（图十七）　　　　　（图十八）

第二章 舞蹈表演

（图十九） （图二十） （图二十一）

（图二十二）

（图一～图二十二为舞蹈基本姿态）

第3章 小品表演

小品，一般指短小的表演作品。在广播影视艺术与表演专业考试中的小品表演，一般包括这样几种形式：讲故事表演、戏剧片断表演和小品表演。

讲故事表演是相对比较容易的，因为故事本身的情节内容就具有一定的感染力，只要同学们选好题材，把故事背熟，同时很好地把握住故事中角色的特点（因为有些故事是典故，有些是寓言，有不同的人物和各种动物角色的扮演等），故事表演容易达到好的效果。

戏剧片断的表演则不一样，它主要是通过人物之间的语言对白表现出人物不同的身份、地位、性格等。这些表演难度比较大，同学们可以模仿原作品（电影、电视、舞台剧）中的人物对白，其语气、神态等都要尽可能接近原作。可以从网上下载一些作品的原声录音、录像或视频作为参考。

如果说前面两种表演具有一定的模仿性，那小品表演则需要有一定的想象力和再创造能力。我们将针对小品表演的几种形式，向同学们作一些介绍。

第一节 故事讲演

故事，是通过生动曲折而完整的情节、通俗易懂而形象的语言，来反映社会生活的一种口头文学。讲故事，就是把读到的、听到的或自己改编、创作的故事讲述给别人听。那么怎样才能讲好故事呢？

一般说，讲故事要把握好以下几点基本要求：一要精心选材；二要认真准备，包括对故事进行加工改造、熟记和试讲等；三要"叙述"、"表演"兼顾，达到声情并茂。下面着重说说第三点——"叙述与表演"兼顾问题。

"叙述"和"表演"是讲故事的主要手段。"叙述"是指讲故事的人直接讲述故事的情节和内容；"表演"是指讲故事的人运用自己富有感情色彩的声音、姿态、动作、表情等，把故事中人物的性格、思想感情形象地表达出来，把故事发生、发展的环境气氛渲染出来。

（一）怎样"叙述"

（1）语言要口语化。口语化是故事语言的特点，因为口语化的语言接近于生活语言，富有生活气息，说起来顺口，听起来悦耳，不会因为语言的障碍影响听众的注意力和对内容的理解。如给小学生讲故事，要符合儿童语言习惯，做到简洁、生动、通俗；要多用短句，少用长句；适当运用语气词、象声词和形象性词语，让他们听起来感到亲切，从而增强故事的感染力。

（2）掌握好语气和语调。讲故事的人要运用语调的抑扬顿挫，来表达不同的感情色彩。在讲述不同的内容、描绘不同的情态时，都要运用语气和语调的变化，加以区别。若语调平淡、呆板，再好的故事也吸引不住人。

（3）处理好语速和节奏。讲故事，要快慢适度。太慢，听得人不耐烦；太快，听得人把握不了故事内容。要节奏鲜明，让人听起来清晰、连贯、悦耳。讲述主要情节时，要从容不迫，把字字句句送入听众耳中。讲述次要情节时，则可快速带过，使情节加速推进。对不同人物的语言、动作的讲述，也要有快慢的变化，以突出其性格特征。除此以外，还要注意停顿。停顿恰当，不仅让讲故事的人有思索的时间，更重要的是给听故事的人有回味的余地。

（二）怎么"表演"

（1）从声音变化上"表演"。不同年龄、不同性别、不同性格和不同身份的人，都有自己特有的声音。讲故事时用不同的声音代表不同的人物，便可以把人物区分开来。比如，可以用声音的粗细，来区别男人和女人或大人和小孩；可以用声音的强弱，来区分健康人和病人或者性格软弱的人，等等。

（2）用体态来"表演"。讲故事时如果恰当地运用表情、动作、姿态，特别是眼神和手势，既能引起听众的注意，又能引起听众的联想。但要注意，体态的运用要自然得体，切不可故作姿态。

（3）用拟声来"表演"。讲故事时，可以绘声绘色地模仿自然界的风声、雨声、流水声，可以模仿汽笛声、枪炮声、动物的鸣叫声，也可以模仿人的笑声、哭声、叹息声，等等。运用得好，便能渲染气氛，加强真实感，提高口语表达效果。

下面我们提供一些短小的故事素材让同学们练习，大家可以结合自己的生活经验，添加一些语言元素，尽可能地使故事语言生活化，使你的故事演讲达到惟妙惟肖的效果。

1. 自相矛盾

从前，有一个人在市场上叫卖自己制作的矛和盾。

他举起盾向人夸赞说："嘿！快来买啊！来晚了可就买不着啦！各位看看，我的盾牌多么坚硬，你瞧瞧这质地！有谁的盾能比过它？喏，你们快来看看啊……"

在他的吆喝下，围观的人越来越多，这个人越发起劲地喊起来："就这质地，你见过么？我敢说天下没有谁的盾能比得上它，不信你来试试，无论怎样尖利的矛，都不能刺穿它！如果你能用矛戳穿它，当着这么多人的面，我把它砸了！"

正在说得起劲时，人群中有人开口问道："你的盾牌好，你的矛怎样？"

"什么，我的矛？你是问我的矛吗？"他又举起他的矛骄傲地说："哼！我的矛尖利无比！你们看看这锋刃，任何坚硬的盾牌，它都能刺穿！"

整个集市上只有这个人的吆喝最响亮，表现最神气。他不时地从这边走到那边，不停地夸赞自己的矛和盾。

这时人群中又有人问："照你这样说来，你敢保证你的矛是最最锋利的，无论怎样硬的盾它都能戳穿？"

"那当然，亏你问的，你有盾吗？拿来试试！"

"你这儿不是有盾吗，你的盾是最最牢固的，无论怎样锋利的矛，也别想戳进去。那么，要是用你的矛来戳你的盾，结果会是怎样呢？"

"这……"叫卖的人张口结舌，再也答不出话来。

表演提示

这则成语故事除了叙述语言以外，主要是货主的吆喝声，还有一些围观者的提问。吆喝是为了引起众人的注意，推销自己的货物，因此音量要大一些，与前后的叙述语言有明显区别，语气上有明显的煽动性，诱惑别人买商品。这种吆喝在今天的集市上或者农贸市场里都能听到，可以留意。货主一开始在神态上应该比较张扬，自以为是，与故事结尾张口结舌的神态形成强烈的反差。叙述时可以面向观众，在扮演货主和围观者时，身姿可以分别向左右两边侧一点，以区别人物身份。整个故事要背诵，讲故事才没有包袱。语言要流畅，但是切忌"背书"。要有置身于场景中的感觉，演讲故事时可以在考场上做小幅度的走动。

2. 狐假虎威

老虎非常厉害,所有的野兽都怕它三分,就选它做了大王。然而有一只狐狸并不怕它,不管什么时候,狐狸碰见老虎总是把屁股转向它,装着没看见似的,随后就拼命跑。老虎怎么也追不上它。

一天,趁狐狸睡觉的时候,老虎终于把狐狸抓住了。

老虎对狐狸说:"你竟敢那样傲慢无礼地对待我。哼,这一下你跑不了啦,我就要吃掉你了。"

狐狸答道:"你居然敢吃我?天上的玉皇大帝派我统领百兽,让我做兽中王,哪个不怕我!如今你胆敢吃我,这不是违抗玉皇大帝的命令吗?"

老虎轻蔑地笑着说:"你别骗我了,玉皇大帝怎么会让你这小小的狐狸做兽中王,你有什么本事?"

"森林中所有的动物都得听我的号令,"狐狸泰然自若地说,"就连你也得尊重我三分。"老虎不信狐狸的话,说道:"我不信。我从没有听说玉皇大帝赐你做大王。你是在耍花招,想从我这里逃走。"

狐狸傲慢地说:"如果你不相信,咱们可以试试。我在前面走,你在后面跟着,咱们到森林里走一圈,看看野兽们看见我有没有敢不逃跑的?假如真的有不逃跑的,就证明我说的是谎话,你再把我吃了也不迟。"

老虎觉得狐狸的话似乎有些道理,便说:"好吧,咱们去试试。但是有一条,如果其他野兽没像你说的那样害怕你,我就非把你吃掉不可。"狐狸欣然同意。

于是,狐狸在前面大模大样地走着,老虎在后面紧紧地跟着。一路上,碰到的野兽们果然吓得仓皇而逃。最后老虎只得甘拜下风。

表演提示

在讲故事之前,首先要很熟练地背诵故事,保证讲述时不结巴,语言流畅。故事中包含着三种不同的语言,有叙述,有老虎与狐狸的对话。叙述要求流畅,要交代清楚,因此有些词语要适当地加重语气,如第一小节的"然而"……"怎么";最后一小节"果然"使语意更加明确。老虎是森林中的大王,很傲慢,同时它又是个愚蠢而粗心的家伙,语音上可以粗一些,以显出老虎的粗鲁的性格。而狐狸的狡猾、善变、故弄玄虚,也应该用语音表现出来,它的声音应该是尖细一点的,语音、语调要与老虎有明显的区别。

3. 狐狸的歌声

从前,有一个孤独的老头儿,他养了一只公鸡和一只猫。老头儿到树林里干活的时候,猫给他送饭,公鸡就在家里看守房子。

有一天,猫给老头儿送饭去了,只有公鸡自己呆在家里。这时,一只狡猾的狐狸走到房子跟前,唱起歌来。

公鸡听了那美妙的歌声,立即打开窗子,把头探出来,看看是谁在那里唱歌,狐狸马上抓住它,飞一般向窝里逃回去。

公鸡急得大喊大叫:"救命啊!狐狸捉住我了……救命啊!"

猫在树林里听到了叫喊声,知道公鸡有了危险,赶紧跑了出来,它连蹦带跳,不一会儿就追上了狐狸,从狐狸嘴里把可怜的小公鸡救了下来,带回家。它对小公鸡说:"你要当心,如果你相信狐狸的花言巧语把窗子打开,它就会吃掉你,甚至连骨头也不会剩下。"

第二天,老头儿又出去干活。像往常一样,猫又送饭给他,只留下小公鸡独自呆在家里。狐狸早就在房子外面等着了。像昨天一样,狐狸渴望把公鸡吃掉。见猫一走,它就又在窗口下面唱起了歌。

为了让小公鸡相信它,它还故意把几粒小豆扔在窗口上。公鸡悄悄地把窗打开一点,赶紧吞下了小豆。

狐狸一见,便装作很诚恳的样子说:"我亲爱的小公鸡,我家里还有许多麦子和小豆,你去我家里好吗?"公鸡听了这话,便慢慢打开了窗子,俯下身子向外探望……狐狸飞快地抓住它,后又像只箭似的向窝跑去。可怜的公鸡又开始叫喊:"救命啊!狐狸捉住我了,救命啊!"这一次,猫又听见了,猫跑得比狐狸快,它救出了小公鸡。

"小公鸡!小公鸡!我不是吩咐过你不要给狐狸开窗子吗?我不是说过它要吞掉你吗?朋友,我们的主人干活的地方很远,你要当心!"

第三天,狐狸又来了,小公鸡又是单独在屋子里,狐狸唱着歌,唱了一遍又一遍,小公鸡就是理也不理。狐狸见小公鸡没有动静,便把麦子和小豆扔了过去。

"没有用!"公鸡终于嚷起来,"没有用!这一次我一定不开窗,你就别浪费时间了!"

"你弄错了……"狐狸回答说,"亲爱的小公鸡,你为什么不相信我呢?我家正在开一个宴会,那儿有很多好吃的东西,还有很多有名气的人,我想把你介绍给他们,可惜你相信猫的谎言。你不肯听我的,我只有走了。"

狡猾的狐狸假装走了,在墙的后面躲了起来。

公鸡再也按捺不住了,它急急忙忙打开窗子追出屋来,它一出门就被狐狸抓住了。

这一次,公鸡叫得声嘶力竭,可猫再也听不见了……

表演提示

这是一则童话故事,在叙述上的要求与上一则故事一样,要流畅。要说,不要读,这就要求口语化。说起来顺口,听起来自然悦耳。说故事是有对象的,这则故事的对象是小朋友(即使是考试,对象也应该当作是小朋友),故事演讲要符合儿童的情趣和心理特征。狐狸是狡猾的,具有强烈的欺骗性,它谎话连篇,说得天花乱坠;猫是忠实的朋友,对公鸡的告诫是非常诚恳的;公鸡是幼稚的,没有自制力,极易上当受骗。这三者在语音、语气上要有明显的区别。要注意故事情节起伏,故事要层次分明,又要流畅,一气呵成。在公鸡第一次呼救声后,可以停顿一下,留一点悬念,第二次则不要。结尾一句,"这一次,公鸡叫得声嘶力竭,可猫"(停顿一下)"再也听不见了……"语速渐慢,要有结束感。

4. 笨狼上学

有一只笨狼,独自在森林里呆得不耐烦了,就想去上学。学校里有那么多的小朋友,一定会很好玩。

笨狼来到学校,坐在小朋友们中间,听老师讲课。

第一节课,老师教大家学习词语。老师用红色的粉笔在黑板上写了"苹果"两个字,告诉大家说:"这是苹果。"

"不对,苹果是圆圆的、红红的、甜甜的。"笨狼第一个站起来反对说。

"是呀,笨狼说的没猎,我们都吃过苹果,知道它是什么样子。"其他的孩子齐声说。

"这是'苹果'两个字,又不是真正的苹果。"老师生气地说。

"为什么苹果不是真正的苹果?"笨狼又问。

"是呀,不是真正的苹果,我们学了又有什么用?"别的孩子又齐声说。

"跟你们说不清楚,我们不学词语了,还是讲故事吧!"老师说。

于是,老师给孩子们讲小红帽的故事,孩子们安安静静地听着,听得非常认真,但是忽然一个尖利的嗓子愤怒地抗议:"不对,这全是造谣,我根本就没有吃过小红帽。"

"也许是你爸爸干的。"一个小朋友说。

"我爸爸不会干这种事!"

"也许是你爷爷?"

"也可能是你太爷爷?"

笨狼想了想，不再吭声了，因为它确实不知道爷爷和太爷爷究竟干没干过像吃小红帽这一类的坏事。

老师本来想告诉笨狼，故事并不一定都是真的，又怕它不明白，老师就说："好了，现在我们不讲故事了，我们去上体育课吧！"

笨狼和小朋友们来到大操场，在跑道上排好队伍。老师让大家跑步，谁跑得最快，谁就是体育最好的学生。

"预备，跑！"

老师的口令刚发出，笨狼就像箭一样朝前飞跑。他在跑道的拐弯处忘记了拐弯儿，因此，他笔直穿过大操场，越过田野，跑回大森林里去了。

表演提示

这则童话故事表演提示同前。

5. 巧计脱身

一天，一只狐狸在树林里寻找食物，一不小心掉进一个陷阱，它急得团团转，可就是没办法出去。

忽然它听到上面有脚步声，像是有谁在附近走动，狐狸立即想出一条诡计，便大声喊道："是谁在上面？"

"是我——老虎。"

"你上哪儿去，我的朋友？"狐狸急切地问道。

"我正在找东西吃呢，"看到狐狸呆在陷阱里，老虎好奇地问："咦，你在下面干什么？"狐狸装着吃惊的模样说："怎么？你还不知道吗？天就要塌下来了！"

"真的？"老虎惊恐万状地回答道："我怎么没听说呢？你认为天真的会塌下来吗？""那还用说，"狐狸答道，"我藏在坑里就是为了这个，当天塌下来的时候，我藏在这里，就不至于被压死，你是我的老朋友啦，我不忍心看到你被压死，所以才提醒你一下"。

"你真够朋友，"老虎感激地说，"能不能让我也到坑里，和你待在一块儿？"狐狸想了想，终于说："好吧，如果你想下来，那就下来吧。"

于是，老虎便跳进了坑，它们说了一会儿话，狐狸开始在老虎身上挠痒痒。

老虎非常怕痒，可狐狸却没完没了地跟老虎胡闹，老虎最后终于忍不住了，大叫道："别再闹了，不然我就要把你扔到坑外面去，让天塌下来压死你。"

可是狐狸根本不理睬它，反而越挠越厉害，这下老虎真的发怒了，它举起狐狸，一使劲就把它抛出坑外。狐狸高兴得又蹦又跳，它自己逃脱了陷阱，却把愚蠢的老虎留在了里边。

> 表演提示

这则童话故事表演提示同前。

6. 选举新兽王

有一天,森林里的野兽都聚集在一起,选举新的兽王,它们先是自己谈谈自己的长处,然后由大家评选。

狮子说自己的力气大,大象说自己有智谋,豹子说自己胆力过人,狗獾说自己灵巧无比……大家听了,总觉得它们距离兽王的标准,还差了些。

最后,猕猴站了出来,它露了手爬树轻功,又给大伙表演了一番模拟舞蹈,得到了一致的好评。在最后一轮的答辩中,它更是对答如流、妙语连珠。于是,大家推举它做了兽王。

但是,狐狸对这位新兽王却不服气,它认为爬树、跳舞、卖弄口舌,都不是真本领,猕猴根本不配资格当兽王。于是,狐狸想了个主意,要捉弄猕猴一番,让它丢丢丑。

第二天,狐狸谦恭地向猕猴说:"大王,我告诉你一件事!"

"什么事,什么事啊?"

"我告诉你吧!有一个地方藏了一窖金子,没有人知道,我想陪大王去取来,不知你是否愿意?"

"怎么不愿意?"猕猴一听非常高兴,就带领狮、虎、豹、象等,随着狐狸,来到了一处地方。一进门,便一阵阵果香扑鼻,抬头一看,见铁笼之中,放着些新摘的香蕉、芒果……这一下可把猴王馋得直流口水,伸手就去拿。没想到这时,只听"啪"地一声,铁笼的机关落下,把它的手紧紧压住,再也抽不出来,痛得它"哎哟哎哟"直叫。

猕猴知道中了狐狸的圈套,狠狠地骂道:"狐狸,你这个坏蛋!回去后,看我不把你碎尸万段!"

狐狸笑道:"猕猴,猕猴,你也不想想,连自己的一只手都保全不住,怎么能当百兽之王呢?"

> 表演提示

这则童话故事表演提示同前。

7. 瞎子骗布

从前有个算命的瞎子，想去赶集骗钱。走至桥边，听洪水咆哮，水声哗哗，不敢过桥。正好这时有个卖布的农夫路过，便将他背上，小心翼翼地过了桥。

那算命的瞎先生趴在农夫背上，摸到一匹布，顿生歹念，偷偷将一根针别在布上。过桥后这瞎子不道谢不说，还硬说布是他的，结果闹到了县衙门。

县令听了瞎子的"诉状"，先问农夫："你如何要抢盲人的布？"

"大人，冤枉啊！"淳朴的农夫申诉说，"布是我老婆织的，请青天大老爷明断。"

县令听后说："有何证据？"

农夫回答："这匹布四丈六尺长，二尺二寸宽，可以当堂用尺量。"

县令略一沉吟，侧身问瞎子："你有什么凭证？"

那算命瞎子振振有词地说："四丈六尺长，二尺二寸宽。我怕人家欺侮我，抢我的布，还在布上别了个针作记号。"

县令一看，布上果然有一针。他思忖片刻，假装笑着说："多好的一匹白布，纱细色清……"

那算命瞎子接口说："是呀，我这匹白布光滑闪亮，可恨这家伙想从我手中骗走它！"

"住嘴！"县令惊堂木一拍，"给我将这黑心瞎子拉下去打五十大板！"并将布还给了那农夫。

故事说完了，你知道县令这样断案的理由吗？

表演提示

前面两小节是叙述语言，要交代清楚，语速不要太快。后面几小节分别是县令、农夫和瞎子的说白和对白，要注意人物的身份、把握说话的语气。县官原是威严的，高高在上；农夫是满肚子委曲，瞎子则心怀鬼胎。突然县官心生一计，来了一个戏剧性的转变，语言柔和，欣赏起布来了，瞎子果然中计，露出了破绽。县令又重现威严，喝令责打瞎子五十大板。情节上富有戏剧性。语音、语调的把握是讲好这则故事的关键。

8. 猫和老鼠

很久很久以前,猫并不吃老鼠。

有一只猫和一只老鼠住到了一起。

冬天快到了,它们买了一坛子猪油准备过冬吃。老鼠说:"猪油放在家里,我嘴馋,不如藏到远一点的地方去,到冬天再来吃。"猫说:"行啊。"

它们趁天黑,把这坛子猪油送到离家十里远的大庙里藏起来。

有一天,老鼠突然说:"我大姐要生孩子,捎信让我去。"猫说:"去吧,路上要小心狗。"

天快黑时,老鼠回来了,肚子吃得鼓鼓的,嘴巴油光光的。猫问:"你大姐生了啥呀?""生个白胖小子。"猫又问:"起个什么名字?"老鼠转一转眼珠说:"叫,叫一层。"

又过了十来天,老鼠又说:"我二姐又要生孩子,请我去吃饭。"猫说:"早去早回。""好咧!"老鼠边答应边往外走。

天黑了,老鼠回来了,腆着肚子,满嘴都是油。猫问:"你二姐生了啥呀?""生个白胖丫头。""起个什么名字?""嗯……叫一半。"

又过了七八天,老鼠又说:"我三姐生孩子,请我吃饭。"猫说:"别回来晚了。"

天大黑时,老鼠回来了,一进屋带来一股油味,对猫说:"我三姐也生了个白胖小子,起名叫见底。"

三九天到了,一连下了三四天的大雪。猫说:"快过年了,什么食物也找不到了,明天咱把猪油取回来吧。"

第二天一早,老鼠走在前边,猫跟在后边,奔大庙走去。到了大庙里,猫第一眼就看到过梁上满是老鼠的脚印,坛子像被开过。猫急忙打开坛子一看,猪油见底了。猫一下子全明白了,瞪圆双眼大声说:"是你给吃见底了?"老鼠刚张口,见猫已经扑过来,就转身跳下地。猫紧追它,眼看就要被猫追上了,一急,老鼠钻到砖缝里去了。

后来,老鼠见猫就逃,猫见老鼠就抓。

表演提示

这则故事的讲述对象是小朋友,其要求可以参照前面的一些童话故事。有了前面的基础,讲述这个故事应该不困难。在讲述时应该区分猫和老鼠的语气和音调,猫是大大咧咧的,有点粗鲁,说话时呼哧呼哧的;老鼠则时不时地会发出吱吱的声音,声音可以尖细一点。讲述时除了语言表述以外,辅以神态和形体动作,效果会更好一些。

9. 巧姑娘传话

从前有个巧姑娘,聪明过人。她的父亲叫田九,曾立了家规,不准家里人说"九"字,而且连跟"九"同音的字也不许说。

一天,田九的几个老朋友来看望他,不巧田九出去了,只有姑娘一人在家。众人商量了一下,要难一难巧姑娘,便说:"请姑娘对你爸爸说一声:明天本是九月九,要来九个老朋友,手上拿着青青韭,要到你家找田九,欢欢喜喜喝点酒!……"说完就走了。

巧姑娘知道他们是有意为难自己,不禁嫣然一笑。等父亲回来,她胸有成竹,矢口不提一个"九"字,而把话原原本本地传给了父亲,不仅如此,还同样是一首押韵的顺口溜呢!田九面对女儿如此巧妙的传话,非常高兴,着实地把女儿夸了一番。

请你猜一猜巧姑娘是用什么字眼代替这四个"九"字和与"九"字同音的字?

原来啊,巧姑娘是这样对她父亲说的:"父亲,有,四对加一老公公,手拿一把扁扁葱,明天就是重阳节,要来我家找父翁,欢欢喜喜喝一盅。"

〖表演提示〗

这则故事较短。文字不是给我们讲故事用的,因此可以在讲述时适当加入一点语气词,加一点说明,使人一听就明白。比如,"从前啊,有个巧姑娘,这位巧姑娘姓田,他的父亲叫田九,也就是一二三四五六七八九的九。这位田九先生……"。还有"青青韭"一词别人不知道是何物,可以在这一小节后补充一句,"什么是青青韭呢,就是青青的韭菜"。故事的后半部分有一问,中间可以停顿一下,给观众一个思考的时间,然后再端出答案。

10. 弥天大谎

卡拉高兹很穷,但很聪明。一天,他遇到国王。国王不知何故,闷闷不乐。

"我一定能让你兴高采烈起来",卡拉高兹说。

"是吗?你不会是撒谎吧!"

"你一定知道,我是全世界最著名的撒谎者!"

这位吝啬的国王摇摇头,跟他打赌,说:"假如你能向我撒一个弥天大谎,使我不得不相信,我就送你一百金镑。"

"……那好,你听着,"卡拉高兹说,"现在我就开始撒谎了……"

"二十年以前,有一天晚上,你的父亲和我的父亲同朋友们在一起打牌。你的父亲把钱输光了,向我的父亲借了一百金镑。遗憾的是,他们两人都去世了,可这笔钱一直还没有偿还我家。"

"你撒谎!这真是弥天大谎!谁相信你这番鬼话!"国王急得大叫了起来。

但是,喊叫归喊叫,国王最后仍然不得不给卡拉高兹一百金镑。

你能否知道,国王为什么不得不拿出一百金镑的道理吗?

事情是这样的:如果国王说卡拉高兹是说谎,他就应输给卡拉高兹一百金镑,这是事先的承诺;如果不承认卡拉高兹是说谎,卡拉高兹说的就是真话,国王就应该归还一百金镑的欠款。也就是说,无论怎样,国王都不得不拿出一百金镑给卡拉高兹。

表演提示

卡拉高兹虽然穷,但拥有智慧;国王虽然富有,可是既吝啬、愚蠢又自以为是。对话就在这两者之间展开。同学们在讲这个故事时,可以联想阿凡提与巴依老爷的形象,一个是充满智慧、快乐、朝气蓬勃的年轻人,另一个是浑身珠光宝气、脑满肠肥、充满霸气的家伙。模仿阿凡提和巴依的语音、语调来对话,声音形象比较接近故事中的人物。

11. 卖火柴的小女孩(节选)

她又擦了一根火柴。现在她是坐在美丽的圣诞树下。这株树比她上次圣诞节时透过一个富人家的玻璃门所看到的那一株还要大,还要美。它的绿枝上燃着几千支蜡烛;一些跟挂在商店橱窗里一样美丽的图画在向她眨眼。小姑娘把她的两只手伸过去。可是火柴熄灭了。圣诞树的烛光越升越高,她看到它们现在变成了一些明亮的星星。这些星星有一颗落下来,在天上划了一道长长的红线。

"有一个什么人快死去了。"小姑娘说,因为她的奶奶在世时曾经说过:天上落下一颗星,地上就有一个灵魂升到上帝那儿去。她在墙上又擦了一根火柴,火柴把四周都照亮了。在这亮光中奶奶出现了,她显得那么光明,那么温柔,那么和蔼。

"奶奶!"小姑娘叫起来,"啊!请把我带走吧!我知道,这火柴一熄灭,你就会不见的,你就会像温暖的火炉、喷香的烤鹅,和那棵美丽的圣诞树一样不见的!"

于是她急忙把手中的整把火柴都擦亮了,想把奶奶留住。火柴发出强烈的光芒,照得比大白天还要明亮。在这光亮中,奶奶显得特别美丽和高大,她把小姑娘抱起来,搂在怀里。她们俩在光明和快乐中飞走了,越飞越高,飞到没有寒冷、没有饥饿,也没有忧愁的地方去了!

第二天寒冷的早晨,这个女孩坐在一个墙角里,她的双颊通红,嘴角带着微笑——她死了,在旧年的大年夜里冻死了!

新年的太阳升起来了,照在她小小的尸体上!她坐在那儿,手里还捏着一把烧过的火柴梗。

"她想给自己暖一下",人们说。

谁也不知道,她曾经看到过多么美丽的东西,她曾经多么幸福地跟着她的奶奶一起走到新年的幸福中去。

表演提示

这篇故事是大家熟悉的,教材中就有,由于原文较长,我们做了节选。同学们可以根据自己的需要,节选教材中自己喜爱的、有一定情节的文章作为素材,然后像故事那样来演讲。在演讲之前,首先应该仔细阅读、认真分析情节和人物,思考应如何口语化……在充分准备后,先把故事讲述给爸爸妈妈、亲戚朋友听,看看他们有什么反应,让他们多提意见。讲故事首先要打动自己,然后才可能打动别人。

具体提示有两点:小姑娘在弥留之际,产生过一系列的幻觉,看到了那些她生前无限向往却从未得到过的东西,但是最想念的还是她的奶奶,在奶奶出现的那一刹那,应该是她短促、惊喜的叫声,接下来是悲凉的哭诉和哀求。同学们应该仔细地揣摩其中的语气、语调。再一个是人们的议论,"她想给自己暖一下",多么漫不经心!多么冷漠!

12. 二十美金的价值(节选)

一天,爸爸下班回到家已经很晚了,他很累也有点儿烦,他发现五岁的儿子靠在门旁正等着他。

"爸,我可以问您一个问题吗?"

"什么问题?"

"爸,您一小时可以赚多少钱?"

"这与你无关,你为什么问这个问题?"父亲生气地说。

"我只是想知道,请告诉我,您一小时赚多少钱?"小孩儿哀求道。

"假如你一定要知道的话,我一小时赚二十美金。"

"哦,"小孩儿低下了头,接着又说:"爸,可以借我十美金吗?"

父亲发怒了:"如果你只是要借钱去买毫无意义的玩具的话,给我回到你的房间睡觉去。好好想想为什么你会那么自私。我每天辛苦工作,没时间和你玩儿小孩子的游戏。"

小孩儿默默地回到自己的房间关上门。

父亲坐下来还在生气。后来,他平静下来了,心想他可能对孩子太凶了——或许孩子真的很想买什么东西,再说他平时很少要过钱。

父亲走进孩子的房间:"你睡了吗?"

"爸,还没有,我还醒着。"孩子回答。

"我刚才可能对你太凶了,"父亲说:"我不应该发那么大的火儿——这是你要的十美金。"

"爸,谢谢您。"孩子高兴地从枕头下拿出一些被弄皱的钞票,慢慢地数着。

"为什么你已经有钱了还要?"父亲不解地问。

"因为原来不够,但现在凑够了。"孩子回答:"爸,我现在有二十美金了,我可以向您买一个小时的时间吗?明天请早一点儿回家——我想和您一起吃晚餐。"

表演提示

下班很晚,既累又烦,还要回答儿子不着边际的问题,这个做父亲的由烦、生气到发火仅仅是在几句话之后,同学们在讲故事的时候要注意父亲情绪的变化,声音应该是逐步提高,发怒时语速要快,声音是最大的,但又要有一定的限制,不要咆哮,毕竟他是深爱自己儿子的。儿子只有五岁,声音应该是稚嫩的,他很认真,可怜巴巴的。尤其是最后那句话,应该是深情地、渴望地。

13. 银行家遇难时的最后一个电话

当恐怖分子的飞机撞向世贸大楼时,银行家爱德华被困在南楼的第五十六层。到处是熊熊的大火和门窗的爆裂声,他清醒的意识到自己已没有生还的可能,在这生死关头,他掏出了手机。

爱德华迅速按下第一个电话。刚举起手机,楼顶忽然坍塌,一块水泥板重重地将他砸翻在地。他一阵眩晕,知道时间不多了,于是改变主意按下第二个电话。可还没等电话接通,他想起一件更为重要的事情,又拨通了第三个电话……

爱德华的遗体在废墟中被发现后,亲朋好友沉痛地赶到现场,其中有两人收到过爱德华临终前的手机信号,一个是他的助手罗纳德,一个是他的私人律师迈克,可遗憾的是,两人都没有听到爱德华的声音。他俩查了一下,发现爱德华遇难前曾拨出三个电话。

第三个电话是打给谁的?他在电话里说过什么?他俩推断,很可能与爱德华的银行或遗产归属权有关。可爱德华无儿无女,又在五年前结束了他失败的婚姻,如今只有一个瘫痪的老母亲,住在旧金山。

当晚,迈克律师赶到旧金山,见到了爱德华悲痛欲绝的母亲。母亲流着泪说:"爱德华的第三个电话是打给我的。"迈克严肃地说:"请原谅,夫人,我想我有权知道电话的内容,这关系到您儿子庞大遗产的归属权问题,他生前没有留下相关遗嘱。"可母亲摇摇头,说:"爱德华的遗言对你毫无用处,先生。我儿子在临终前已不关心他留在人世间的财富,只对我说了一句话……"

迈克含着激动的泪水告别了这位痛失爱子的母亲。

不久,美国一家报纸在醒目的位置刊登了"9.11"灾难中一名美国公民的生命留言:

妈妈,我爱你!

表演提示

这则故事前三小节以叙述为主,处理上这三小节语速上要有明显的差异。前两小节反映的是世贸大楼被撞后,银行家爱德华在自己生命最后关头的一系列举动。这段叙述语速应该是急切地,语速快,但是每个字都要清楚。故事的开头就要不同凡响,让人们感觉到情况万分危急,把人们的注意力一下子吸引过来,同时造成一种悬念。第三小节开头,语速明显减缓,语气也是沉重而悲伤的,之后,问题出现了,要迅速地从悲伤中进入理智的分析——给谁的电话?第五小节是律师与爱德华母亲的对话,母亲悲痛欲绝,声音应该是苍老的、颤抖的、语速缓慢……律师也是沉痛的、认真的、非常严肃。最后一句:妈妈,我爱你,音量不要高,但是要一字一顿,深情地说出。

第二节　戏剧片断表演

戏剧是历史悠久的表演艺术,它是在特定的空间——舞台,由剧中人物的声音、表情、动作来展示剧情。我们这里所说的戏剧主要是指话剧。它和近代出现的电影、影视艺术有一定的渊源。

我国的话剧是在"五四"新文化运动中发展起来的。最初是从学习易卜生戏剧开始的,伴随着阶级矛盾和民族矛盾的加深和激化,也伴随着中国话剧的发展,20世纪30年代中国话剧的现实主义戏剧展现出了旺盛的活力,成为中国话剧的主潮。在继承"五四"话剧现实主义成就的基础上,涌现出一批由曹禺、夏衍等创作的杰出的现实主义剧作。如曹禺的《雷雨》、《日出》、《北京人》,夏衍的《上海屋檐下》、《芳草天涯》,田汉的《获虎之夜》、《名优之死》、《丽人行》,于伶的《夜上海》,宋之的《雾重庆》,吴祖光的《风雪夜归人》等。建国以后,我国的戏剧创作也在曲折中发展着,产生了如《茶馆》、《关汉卿》等优秀剧目。

今天这些经典作品仍然熠熠生辉,是戏剧创作的典范,也是我们学习表演艺术的好素材。同学们在准备这些戏剧片断时,首先应该了解作品的情节和内容,仔细分析剧中每个人物的性格特点,以及人物之间的相互关系。这样,才能较好地把握人物的内心活动,通过适当的语言和相应的身体动作,表现出不同人物形象。

这里,我们推荐四个经典的戏剧片断,供同学们模仿、练习。在练习时,既可以两人或多人表演,也可以一人饰演两个或多个角色。希望大家多读、多练、多思考,也可借鉴有关录音材料进行模仿学习。

1.《雷雨》(片断)
曹 禺

周朴园:(看她不走)你不知道这间房子底下人不准随便进来么?

侍萍:(看着他)不知道,老爷。

周朴园:你是新来的下人?

侍萍:不是的,我找我的女儿来的。

周朴园:你的女儿?

侍萍:四凤是我的女儿。

周朴园:那你走错屋子了。

侍萍:哦。——老爷没有事了?

周朴园:(指窗)窗户谁叫打开的?

侍萍:哦。(很自然地走到窗户,关上窗户,慢慢地走向中门)

周朴园:(看她关好窗门,忽然觉得她很奇怪)你站一站,你——你贵姓?

侍萍:我姓鲁。

周朴园:姓鲁。你的口音不像北方人。

侍萍:对,我不是,我是江苏的。

周朴园:你好像有点无锡口音。

侍萍:我自小就在无锡长大的。

周朴园:(沉思)无锡?嗯,无锡。(忽而)你在无锡是什么时候?

侍萍:光绪二十年,离现在有30多年了。

周朴园:哦,30年前你在无锡?

侍萍:是的,30多年前呢,那时候我记得我们还没有用洋火呢。

周朴园:(沉思)30多年前,是的,很远啦,我想想,我大概是20多岁的时候。那时候我还在无锡呢。

侍萍:老爷是那个地方的人?

周朴园:嗯,(沉吟)无锡是个好地方。

侍萍:哦,好地方。

周朴园:你30年前在无锡么?

侍萍:是,老爷。

周朴园:30年前,在无锡有一件很出名的事情——

侍萍:哦。

周朴园:你知道么?

侍萍:也许记得,不知道老爷说的是哪一件?

周朴园:哦,很远的,提起来大家都忘了。

侍萍:说不定,也许记得的。

周朴园:我问过许多那个时候到过无锡的人,我想打听打听。可是那个时候在无锡的人,到现在不是老了就是死了,活着的多半是不知道的,或者忘了。

侍萍:如若老爷想打听的话,无论什么事,无锡那边我还有认识的人,虽然许久不通音信,托他们打听点事情总还可以的。

周朴园:我派人到无锡打听过。——不过也许凑巧你会知道。30年前在无锡有一家姓梅的。

侍萍:姓梅的?

周朴园:梅家的一个年轻小姐,很贤惠,也很规矩,有一天夜里,忽然地投水死了,后来,后来——你知道么?

侍萍:不敢说。

周朴园:哦。

侍萍:我倒认识一个年轻的姑娘姓梅的。

周朴园:哦?你说说看。

侍萍:可是她不是小姐,她也不贤惠,并且听说是不大规矩的。

周朴园:也许,也许你弄错了,不过你不妨说说看。

侍萍:这个梅姑娘倒是有一天晚上跳的河,可是不是一个,她手里抱着一个刚生下三天的男孩。听人说她生前是不规矩的。

周朴园:(痛苦)哦!

侍萍:这是个下等人,不很守本分的。听说她跟那时周公馆的少爷有点不清白,生了两个儿子。生了第二个,才过三天,忽然周少爷不要了她,大孩子就放在周公馆,刚生的孩子抱在怀里,在年三十夜里投河死的。

周朴园:(汗涔涔地)哦。

侍萍:她不是小姐,她是无锡周公馆梅妈的女儿,她叫侍萍。

周朴园:(抬起头来)你姓什么?

侍萍:我姓鲁,老爷。

周朴园:(喘出一口气,沉思地)侍萍,侍萍,对了。这个女孩子的尸首,说是有一个穷人见着埋了。你可以打听得她的坟在哪儿么?

侍萍:老爷问这些闲事干什么?

周朴园:这个人跟我们有点亲戚。

侍萍:亲戚?

周朴园:嗯——我们想把她的坟墓修一修。

侍萍:哦——那用不着了。

周朴园:怎么?

侍萍:这个人现在还活着。

周朴园:(惊愕)什么?

侍萍:她没有死。

周朴园:她还在?不会吧?我看见她河边上的衣服,里面有她的绝命书。

侍萍:不过她被一个慈善的人救活了。

周朴园:哦,救活啦?

侍萍:以后无锡的人是没见着她,以为她那夜晚死了。

周朴园:那么,她呢?

侍萍:一个人在外乡活着。

周朴园:那个小孩呢?

侍萍:也活着。

周朴园:(忽然立起)你是谁?

侍萍:我是这儿四凤的妈,老爷。

周朴园:哦。

表演提示

这段表演在排练前,首先要了解该剧的整个情节,对人物形象做深入的分析。周朴园是一个具有浓厚封建色彩的反动资本家,他贪婪、残忍、虚伪、唯利是图;在家庭生活中,他专横独断,唯我独尊,是封建家庭秩序的卫道士。侍萍曾经是一个美丽、贤惠、"很规矩"的姑娘。她被抛弃后历经了30多年的磨难,外貌上已面目全非,但是性格是坚强的。

  这一段的重头戏应该是周朴园,对这一角色的塑造要符合人物的性格特征,顾及内心活动过程。开始,他是高高在上的老爷,威严、专横,在侍萍关窗的一瞬间,他突然感觉"奇怪",不禁脱口而出"你站一站,你——你贵姓?"语气就起了变化,接下来,在打听梅姑娘的下落时言语吞吞吐吐。同学们在表演时,要特别关注小括号中的周朴园表情提示,如:沉思、忽而、沉吟、苦痛、汗涔涔地、喘出一口气、沉思地、惊愕、忽然立起等。这些层次把握好,这段表演就成功了。

2.《简·爱》(电影台词片断)
夏洛特·勃朗特

  [解说] 他走了,我怎么也没法再睡。披着围巾,在花园里等啊,等啊,一直等到天亮。(又一阵马车声响过)

  罗切斯特:还没睡?

  简·爱:没见你平安回来怎么能睡?梅森先生怎么样?

  罗切斯特:他没事。有医生照顾。

  简·爱:昨儿晚上你说要受到的危险,过去了?

  罗切斯特:梅森不离开英国很难保证。但愿越快越好。

  简·爱:他不像是一个蓄意要害你的人。

  罗切斯特:当然不。他害我也可能出于无意。(坐下)

  简·爱:格雷斯·普尔究竟是谁?你为什么要留着她?

  罗切斯特:我别无办法。

  简·爱:怎么会……

  罗切斯特:你忍耐一会儿,别逼着我回答。我,我现在多么依赖你。唉——该怎么办?简。有这样一个例子,有个年青人,他从小就被宠爱坏了,他犯下个极大的错误。不是罪恶,是错误,它的后果是可怕的,唯一的逃避是逍遥在外,寻欢作乐。后来他遇见个女人,一个二十年里他从没见过的高尚女人,他重新找到了生活的机会,可是世故人情阻碍了他,那个女人能无视这些吗?

  简·爱:你在说自己,罗切斯特先生?

  罗切斯特:是的。

  简·爱:每个人以自己的行为向上帝负责,不能要求别人承担自己的命运,更不能要求英格拉姆小姐。

  罗切斯特:哼!你不觉得我娶了她,她可以使我获得完全的新生?

简·爱:既然你问我,我想不会。

罗切斯特:你不喜欢她?说实话吧。

简·爱:我想她对你不合适。

罗切斯特:啊哈,那么自信?那么谁合适?你有没有什么人可以推荐?

[解说] 不知该怎么回答他。我正思索着,他改变了话题。

罗切斯特:你在这儿已经住惯了?

简·爱:我在这儿很快活。

罗切斯特:你舍得离开这儿吗?

简·爱:离开这儿?

罗切斯特:结婚以后我不住这儿了。

[解说] 他的话语和凝视我的眼光使我枉然。

简·爱:当然,阿黛尔可以上学,我可以另找个事儿。

[解说] 他那炽热的目光盯着我,我再也控制不住自己了。

简·爱:我要进去了,我冷。

罗切斯特:简。

简·爱:让我走吧。

罗切斯特:等等。

简·爱:让我走。

罗切斯特:简。

简·爱:你为什么要跟我讲这些?她跟你与我无关。你以为我穷,不好看,就没有感情吗?我也会的。如果上帝赋予我财富和美貌,我一定要使你难于离开我,就像现在我难于离开你。上帝没有这样。我们的精神是同等的,就如同你跟我经过坟墓将同样地站在上帝面前。

罗切斯特:简。

简·爱:让我走吧。

罗切斯特:我爱你。我爱你。

简·爱:不,别拿我取笑了。

罗切斯特:取笑?我要你。布兰奇有什么?我对她不过是她父亲用以开垦土地的本钱。嫁给我,简,说你嫁我。

简·爱:是真的?

罗切斯特:唉——你呀。你的怀疑折磨着我,答应吧,答应吧。

[解说] 罗切斯特紧紧地拥抱着我,我沉浸在幸福之中。

罗切斯特:上帝饶恕我,别让任何人干扰我。她是我的,我的。

> 表演提示

　　这段戏剧台词中人物性格十分突出。主人公简·爱是一个心地纯洁、善于思考的女性,她生活在社会底层,受尽磨难,但是她具有倔强的性格和勇于追求平等幸福的精神。

　　在追求个人幸福时,简·爱表现出异乎寻常的纯真、朴实的思想感情和一往无前的勇气。她并没有因为自己的仆人地位而放弃对幸福的追求,她的爱情是纯洁高尚的,她对罗切斯特的财富不屑一顾,她之所以钟情于他,就是因为他能平等待人,把她视作朋友,与她坦诚相见。对罗切斯特说来,简·爱犹如一股清新的风,使他精神为之一振。罗切斯特过去看惯了上层社会的冷酷虚伪,简·爱的淳朴、善良和独立的个性重新唤起他对生活的追求和向往。因而他能真诚地在简面前表达他善良的愿望和改过的决心。

3.《原野》(片断)
曹　禺

大兴:金子……金子……谁得罪你了?

金子:谁得罪我?焦家的媳妇,谁敢?!……我啊,进门就该添个儿子。

大兴:啊?什么?

金子:我要是有儿子啊,就是你这样的,多孝顺啊,哼!

大兴:唉,你就看在妈是个瞎子吧……

金子:噢,她是瞎子,我是狐狸精!我早晚要养汉子偷人!

大兴:谁这么说了?

金子:你妈呀!哼!

大兴:唉,金子……金子……

金子:我问你,疼我不疼?

大兴:咋不疼啊?

金子:好,那我问你一句话,等我问完了,你就得告诉我,不许含糊!

大兴:哎。

金子:要是我掉到河里,你妈也掉到河里,你先救哪个?

大兴:咳,哪能啊!

金子:要是真有,你怎么办?

大兴:嗳……嗳,不会的。

金子:就是有!!

大兴:嗯……嗯……我两个都救,我左手拉着你,右手拉着妈……

金子:不！我说只救一个。你是救我,还是救你妈?

大兴:我……嗯……

金子:你当然是救你瞎妈！你不救我！哼!!

大兴:你……你听我说……唉……

金子:好哇,你要我死！你要淹死我！你和你那瞎妈盼我死！你好娶你第三个老婆!! 你……(大哭……)

大兴:我……我没说不救你呀?……

金子:那么,你先救谁?

大兴:嗯……嗯……

金子:说,先救谁? 先救谁?! 先救谁?!!

大兴:我……我先救你,行了吧?! (无奈地一屁股瘫坐地上)

金子:那……你说,淹死她。

大兴:淹死?! ……

金子:说啊,大兴。说了我才疼你。(抱着大兴)大兴,我俊不俊?

大兴:俊……

金子:你想亲我吗?

大兴:想……

金子:(转身,走开)那你说！

大兴:说什么?

金子:淹死她。(转身走近大兴)淹死你妈。

大兴:哎,就淹,淹死……

焦老太太:是大兴吗?

大兴:妈。

焦老太太:你怎么还不上路啊?

大兴:您还送这么远。

焦老太太:大兴,钱包呢?

(大兴把钱包递给老太太,老太太数钱)

金子:妈,大兴他不会给我钱的！

焦老太太:大兴,钱要省着点花,留点儿给你那没娘的孩子花吧！贱货！迷你男人还没迷够！大兴,还不快上路！

大兴:(走到金子面前)我走了。

焦老太太:败家精！还不快回去！

(镜头摇上俯视。老太太的拐杖声,原野上昆虫的叫声,音乐起……)

> **表演提示**

不同的语言体现出不同的人物性格。例如这段台词开头几句:"金子:我要是有儿子啊,就是你这样的,多孝顺啊,哼!"(怨恨、讥讽)"大兴:唉,你就看在妈是个瞎子吧……"(哀求)"金子:噢,她是瞎子,我是狐狸精!我早晚要养汉子偷人!"(仇恨、诅咒)"大兴:谁这么说了?金子:你妈呀!哼!大兴:唉,金子……金子……"(仍然只有哀求)。

在《原野》这段的台词中我们可以看出,大兴虽说是焦阎王的儿子,但是他是无辜的,他生性软弱,对金子百般无奈;金子具有泼辣的性格,她对丈夫大兴感情很复杂,对其懦弱更是怒其不争,对焦老太太充满仇恨、诅咒;焦老太太给人的形象是阴冷毒辣,为人尖刻,尤其是对金子非常恶毒……这些人物的性格元素在这段对白中,都鲜明地表现出来了。同学们在表演之前一定要理清角色之间的相互关系,分析戏剧冲突,这样才有可能使塑造的角色"鲜活"起来。

4.《茶馆》(片断)
老 舍

《茶馆》第一幕片断

[秦仲义穿得很讲究,满面春风,走进来。]

王利发:哎哟!秦二爷,您怎么这样闲在,会想起下茶馆来了?也没带个底下人?

秦仲义:来看看,看看你这年轻小伙子会做生意不会!

王利发:唉,一边做一边学吧,指着这个吃饭嘛。谁叫我爸爸死的早,我不干不行啊!好在照顾主儿都是我父亲的老朋友,有不周到的地方,都肯包涵,闭闭眼就过去了。在街面上混饭吃,人缘儿顶要紧。我按着我父亲遗留下的老办法,多说好话,多请安,讨人的喜欢,就不会出大岔子!您坐下,我给您沏碗小茶去!

秦仲义:我不喝!也不坐着!

王利发:坐一坐!有您在我这儿坐坐,我脸上有光!

秦仲义:也好吧。(坐)可是,用不着奉承我!

王利发:李三,沏一碗高的来!二爷,府上都好?您的事情都顺心吧?

秦仲义:不怎么太好!

王利发:您怕什么呢?那么多的买卖,您的小手指都比我的腰还粗!

唐铁嘴:(凑过来)这位爷好相貌,真是天庭饱满,地阁方圆,虽无宰相之权,而有陶朱之富!

秦仲义:躲开我!去!

王利发:先生,你喝够了茶,该外边活动活动去!(把唐铁嘴轻轻推开)

唐铁嘴:唉!(垂头走出去)

秦仲义:小王,这儿的房租是不是得往上提那么一提呢?当年你爸爸给我的那点租钱,还不够我喝茶用的呢!

王利发:二爷,您说得对,太对了!可是,这点小事用不着您分心,您派管事的来一趟,我跟他商量,该长多少租钱,我一定照办!是!喳!

秦仲义:你这小子,比你爸爸还滑!哼,等着吧,早晚我房子收回去!

王利发:您甭吓唬着我玩,我知道您多么照应我,心疼我,决不会叫我挑着大茶壶,到街上卖热茶去!

秦仲义:你等着瞧吧!……

表演提示

剧中的王利发是裕泰茶馆的掌柜,他是旧社会小商人的典型。王利发从父亲手里继承了茶馆,也继承了父亲的处世哲学。他精明、干练,巧于在嘈杂、混乱、充满各类纠葛的茶馆中,把茶馆经营得井井有条、生意兴隆。从对白中我们可以清楚地看出,他圆滑、胆小,多说好话多作揖,具有逆来顺受的性格特点。在不同身份的茶客面前,他采用不同的应酬态度,或卑躬屈膝、奉承施礼;或善意相待,多说好话;或冷漠处之,不屑一顾;甚至对茶客的迎送,都做得极有分寸,恰到好处。对房东秦仲义百般奉承,即使是对看相的唐铁嘴那样的下九流,言语上也不得罪,明明是撵人出去,却说请他出去活动活动。秦仲义是王利发的房东,只有二十几岁,这是个家产雄厚的阔少,主张实业救国,从人物对白中我们可以看出,他此时正春风得意、趾高气扬、踌躇满志,个性十分鲜明。以上我们所列举的戏剧片断,在表演时是有一定的难度的,同学们在练习前最好能找到相关的影视资料学习观摩,许多老演员将这些剧中的人物刻画得惟妙惟肖,他们扮演的角色,举手投足都与当时的社会风貌十分接近,值得研究和模仿。

第三节 小品表演

小品种类有很多,并且有多种分法。可分为舞台小品和影视小品;或分为单人小品、两人小品、多人小品;有专为观众欣赏而编排的小品(如春节联欢晚会上的小品),也有为了训练演员、提高演技、帮助把握人物特点的表演小品(如电影学院表演专业的教学小品)等。

每年艺术类考生的面试,小品表演都占有一定的比例,老师就是要通过初试和复试,考查学生对社会生活的认识和态度,考查学生的艺术修养和形象思维能力,考查学生情感经验的积累以及能否真实地再现生活场景和内心活动的表演能力。许多考生能根据老师的命题,在短短的时间里展开想象,思维敏捷、构思巧妙,创造出鲜活的形象,这也充分地表现了他们的应变能力。

命题小品给考生准备的时间很短,要求在短时间内即兴创作和发挥,因此难度要求相对较高。除了命题小品以外,还有考生已经准备的自编小品。报考广播影视艺术与表演专业的考生表演的一般是自编小品。因此在表演的时间准备方面比较充裕,考前可以进行多次排练,也可以请人帮助指导。

一、小品的选材

(一)选择思想情调健康的材料

自编小品有自己创作的,也有别人创作的,但是无论哪种,我们都要选择思想情调健康的作品。

这些年的招考当中相当一部分考生表演的小品是吵架。《卖东西》是吵架,《电影院门口》也是吵架……老师们在谈到这一话题时常常抱怨,难道对生活的认识就只是吵架?这难道就是生活的全部么?如果我们的社会就是这样的话,那我们的日子就没法儿过了。我们今天之所以有这样的环境,有这样安定的秩序,就说明还是好人多。在小品表演当中为什么就不能让大家看到一个生活中的好人呢?总是把生活当中的个别不良现象让观众看,似乎不吵架就没戏,这样的吵架场面看多了,就让人生厌。在老师们看来,这一部分考生看待社会生活的角度有问题,对艺术的理解也是有偏差的。创作当中充满吵架、小偷、吝啬的人……总是把丑的一面展示出来,是片面的。我们既要把丑陋的揭露出来,更要把美好的展示出来,让观众的情感得到熏陶和升华。

小品的构思至关重要,命题小品的构思是在搞清题意的基础上展开的,所以考生一定要先听好题目,然后根据自己的理解和生活经验去展示,不要投机取巧,别出心裁地使出各种花样让老师感到意外,以为这样可以得高分,其实不然。老师在小品当中关键看的是创意和人物形象,看考生展示的是不是这个规定情景下的人物,所以考生一定要在搞清题意的基础上进行构思和表演。

(二)选择主题明确、短小的材料

小品,顾名思义其特点是"小",在考试中每位考生所表演的时间是受到严格限制的,因此考生所选的小品必须情节简单、人物单一、场景集中,甚至没有什么故事情节,只是表现一种情绪、一种场景氛围、一个人物特写等。尽管作品短小,但是你的表演给老师和观众传递的信息必须是明确的,而不能让人看不懂。举个极端的、让人看不懂的例子,有这样一位考生,他上台以后双手合拢作话筒状向老师的方向大声说,"不要和陌生人说话",又朝侧面向其他人说,"不要和陌生人说话"……就这样向四五个方向说了同样的一句话后,就匆匆离开了考场。究竟这一角色是在何种情境中说这句话?他为什么说这句话?没有交代清楚,使在场老师看不懂,其他的人也是"丈二和尚——摸不着头脑"。很明显,这样的小品是不成功的。相反,成功的小品表演即使不说一句话,一个动作、一个眼神,传递的信息也是明白无误的。在1983年春节晚会上,一位表演艺术家演出了哑剧小品《吃鸡》,把一个啃吃烧鸡的人物形象作了夸张处理,表演得惟妙惟肖、淋漓尽致,演出以后反响强烈。时隔20多年,人们还会津津有味地谈论他的表演,许多人至今还记得他的名字叫王景愚。

(三)思路要开阔、材料要新颖

无论是选择素材还是创作小品,思路要开阔,材料要新颖。生活是万花筒,情境不同,小品练习的内容和形式也变化无穷。特别是随着改革开放,社会生活的变化日新月异,我们在小品的选材或创作上切不可思维定势,应该与时俱进。一个好的小品总是在观察、积累的基础上,通过艰苦的构思而创作成功的。

小品最重要的是构思,第二步才是用文字把它表述出来。一个好的构思不一定能写成一个好的小品,但一个构思糟糕的小品,无论你有多么好的文字表达能力也创作不成好的作品。所以,小品创作的首要环节是少写多想,平时我们可以做这样的训练,在一个题目下构思出五个到十个故事来,然后再从中选出自己最满意的那一个来写。

例如有这样一个小品题目:《朋友》。拿到这样的题目你会怎样写呢?

很多人一看到"朋友"二字,就很自然地联想到男女朋友,然后就只能在这个小小的圈子里打转转。其实,"朋友"包含的内容很广泛,比如说,老人和孩子之间、健康人和残疾人之间、一个大经理和一个小雇员之间……都可以是朋友。同学们应该根据自己的生活积累和对生活的观察来选择一对独特的朋友来展开构思。比方说,在某个人和某种动物之间能不能成为朋友呢?请看下面这个构思:

阿弟6岁,刚上小学。他最好的朋友是一只他叫做"黑子"的大公鸡。这只鸡是他从小鸡崽养大的。阿弟每天一放学,第一件事就是召唤他的"黑子",然后把放学路上捉到的虫子喂给它吃。然而,这鸡却给大人带来了麻烦。因为他们家住的大杂院,有"八不养"的规定。更何况天一麻麻亮黑子就叫,吵得邻居们睡不好觉。所以,那一天阿弟的妈妈就同阿弟商量,要把黑子宰了。阿弟一听就哭叫起来,抱起黑子就跑。可他哪里拗得过大人?再说抱着黑子也不能上学呀!终于,他想出了一个好主意:把家里的菜刀藏起来!这样妈妈就没办法杀鸡了!

阿弟把刀放在书包里,带到了学校。放学回到家后,妈妈已经把饭做好了,阿弟吃得特别香。饭后,他四处找寻黑子却不见踪影,他这才知道,刚才他吃的那道菜就是用黑子的肉炒的。阿弟"哇"地躺在地上大哭。从此他不肯再吃鸡,连过去他最最喜欢光顾的肯德基大门也不肯进了……

同样的题目是写另外一对"朋友":

这个单亲家庭里只有爸爸和他刚上小学五年级的儿子,可儿子不知道什么心理原因,任何心里话都不肯对爸爸说。爸爸用尽了办法也没有效果,他因此很伤心。但是一天,儿子突然在学校里接到了一封奇怪的来信,写信的人叫"波波夫",是他最爱的卡通人。那"波波夫"似乎很同情这个没有妈妈的孩子,甚至很知道他内心的苦恼和秘密。儿子开始和"波波夫"通信,他和从没见过面的"波波夫"成了好朋友。他把自己最最隐秘的事情对"波波夫"说,而"波波夫"总是在回信中乐呵呵地给他出主意。由于"波波夫"的指点,他开始理解自己的爸爸,这使爸爸非常惊讶。儿子甚至成了爸爸的好朋友。可是儿子生日的那天,他却有点伤心,因为他无法把蛋糕送给他最好的朋友"波波夫"吃。爸爸一点办法也没有。后来,爸爸病了,住进了医院。孩子在爸爸的抽屉里翻出了很多"波波夫"给他写信时用的那种带有卡通形象的彩色信纸。儿子立刻明白了!在医院里,他抱着自己的爸爸感动地说:"你这个坏爸爸!我就知道'波波夫'就是你呀!"再后来,爸爸的病好了,可儿子却总叫爸爸"波波夫"了。

对于表演专业的考生,在命题小品考试时,即使抽到比较意外的题目,也要冷静地思考,打开思路,从自己熟悉的生活中寻找相应的形式进行表演,这也是在挑战我们的应变能力。比如,有位考生在面试中抽到的小品表演命题只有一个字——"求"。要求围绕"求"字展开表演。这个命题使他和抽到此题的几位考生都感到为难。这位同学急中生"智",表演了在寺庙里烧香求佛,少不了口中念念有词,然后纳头便拜;而另外两位考生表演了乞丐在沿街乞"求";其他几位就站在那里不知所措,连磕头也找不到理由了。考生在表演命题小品时选取什么内容无可厚非,但以乞丐乞"求"、烧香"求"菩萨等为表演内容,多少表明考生生活面的狭窄和思路不够开阔。去寺庙烧香和沿街乞求,这在他们生活经历中也许不曾有过,但是生活中请求别人帮助是常有的。只要冷静地想一下,生活中"求"的事例还真不少,如:求学、求医问药、求情、求助、求职……希望同学们在以上事例中有所收获,拓宽思路去创作,去选材。

二、如何表演小品

从表演角度来看,优秀的小品人物塑造一定有两个特征:一是性格饱满,个性色彩浓；二是有丰富的细节。每一个表演者都应朝这方面不断努力。在这里，我想主要针对初学表演者谈谈如何去表演小品。

（一）从易到难，循序渐进

初学小品表演一定要从较简单、相对自由的表演练习入手，学习表演的基本技巧，能够当众完成人物的刻画，达到解放天性、恢复本能的目的。这是学习表演的初期阶段，也是以后塑造完整的、性格鲜明的人物形象的基础，但往往初学者容易给自己定下过高、不切实际的目标，以至于总是体会不到表演的乐趣，看不到自己的进步，这对自信心的建立是极为不利的，对自己以后的表演学习也是不利的。初学者不要一开始就选择难度较大的小品去演，而应该选择小作品去演，一个眼神、一种情绪、一断对话、一种感觉体验……从易到难、脚踏实地、循序渐进地往前走。

（二）坚定信念、持之以恒

演好小品要有坚定的信念，每一个初学表演者都应通过表演小品建立起自己的信念。敢于当众大胆地表演，完成人物的塑造，敢于展现激情，以符合角色的需要。我们许多考生过去从未接触过表演，有些同学生性腼腆，在人前说话都会脸红。学习表演，首先要克服这些性格上的弱点，这是要达到的首要目标，即解放自身的素质。同时还要反复研究和练习，持之以恒，为今后的表演积累成功的经验。

（三）忘我投入，用心体验

学习小品表演是学习戏剧表演的基础，从小品表演开始，就要全身心地投入。任何一个好演员都是经过认真揣摩所演的角色，挖掘人物特点和性格，才展现一个"活脱脱"的艺术形象。这需要全身心地进行长期艰苦地练习。理解和把握角色性格特点不容易，但是如何把它表现出来则更不易。表演时要按照生活的体验和顺序有机地展开，表演时注意力要集中在"发生的事件上"，用自身感受与真情来创造人物形象。

（四）多练习、多上台

表演是实践的艺术，好多没有上过专门艺术院校的人，也能成为优秀的演员，这与大量的实践是分不开的。所以，学习表演就应尽可能多的参加正式的小品演出，在演出中的感觉与排练中的感觉是不同的。只有多练习、多上台，不断总结，才能表演好小品。

练习

(1) 感觉练习：酷热、寒冷、惊恐、甜蜜、幸福、干渴、疼痛、奇痒、夜里看书听见老鼠跑动。

(2) 地点命题练习：火车站、电影院、急诊室、照相馆、公园里、自由市场、公用电话亭。

(3)规定情境命题练习:风雨之夜、校庆团聚、意外归来、演出之前、告别父母、逛公园、洗脸间的早晨、车站候车室。

(4)道具命题练习:(以道具为中心构思小品)茶杯、水壶、提包、红旗、手枪、马灯、一束鲜花、电话机、录音机、相机、一把椅子、一本书、自行车。

(5)命题练习:送别、寻找、发现、误会、挽留、相认、接待、躲雨、看榜。

(6)遇到障碍的动作练习:采集标本、生火做饭、急事过河、走错了门、失去联络、发票丢了。

(7)单人表演练习:护理病人、雨夜出诊、东西丢失、夜晚迷路、妈妈生日、发现敌情。

(8)双人交流练习:电梯奇遇、阻挠、联络、惜别、护理、索取、请求。

(9)一句对话练习:(双人练习)

①"是你?""是我。"

②"我告诉你——""用不着了。"

③"我喜欢你……"

④"我错了!"

⑤"对不起!"

⑥"天黑了,怎么办?"

(10)多条件的综合练习:

①晚上复习功课,明天要考试。弟弟睡着了,忽然发现一张复习提纲不见了,原来是弟弟叠了纸飞机。

②送情报到某家,发现这家已被敌人监视了。于是掩藏文件,巧布信号,安全脱险。

③出远门回家,给奶奶带了很多礼物,到家后发现奶奶已经病故……

④收拾屋子,不小心把父亲的一件珍贵艺术品打碎了……

⑤三次不同的开门。

朗诵表演

以朗诵展示才艺的考生在面试中的比例是最大的。考生之间水平悬殊也很大。有的考生普通话基础好、准备得充分，在考场上能较好地表现作品的内涵，因此取得好的成绩。可有些考生却把朗诵看成是背书，认为只要普通话说得大差不离、语言流畅就行，因此上了考场，往主考老师面前一站，就开始毫无表情地"背书"了，其结果当然是可想而知的。这样的表演，既打动不了自己，更打动不了观众（老师）。也有的考生，在考前自认为准备得很充分，但是上了考场一紧张就大打折扣了，原来熟悉的朗诵材料记不清了，原来设计好的表情、动作也忘了。还有些考生普通话基础较差，为了念准读音，思想包袱过重，这也影响了朗诵效果。

朗诵是一门绘声绘色的语言艺术。朗诵要有规范的语言基本功，要求口齿清晰、字正腔圆、声情并茂，能够再现作品的思想内容，准确地再现作者创作时的原始情感。朗诵应该是接近生活的艺术语言，而不要盲目地一味模仿、拿腔拿调。此外，朗诵要求有美感。

（一）用普通话语音朗诵

要使自己的朗诵优美动听，必须使用标准的普通话进行朗诵，因为朗诵作品一般都是运用现代汉民族共同语即普通话写成的，所以，只有用普通话语音朗诵，才能更好地更准确地表达作品的思想内容。同时，普通话是汉民族共同语，用普通话朗诵，便于不同方言区的人理解、接受。因而，在朗诵之前，首先要咬准字音，掌握语流、音变等普通话知识。

（二）选择朗诵材料

朗诵是一种传情的艺术。朗诵者要很好地传情，引起听众共鸣，首先要注意材料的选择，要选择那些语言具有形象性而且易于上口的文章。因为形象感受是朗诵中一个很重要的环节，干瘪枯燥的书面语言是缺乏感染力的，即使对于具有很强感受能力的朗诵者也构不成丰富的形象感受。此外，要根据朗诵的场合和听众的需要,以及朗诵者自己的爱好和实际水平,在众多的作品中,选出合适自己的作品。

(三)把握作品的内容

准确地把握作品内容,透彻地理解其内在含义,是作品朗诵的重要前提和基础。朗诵中各种艺术手段的运用十分重要,但是,如果离开了准确透彻地把握内容这个前提,那么,艺术技巧就成了无源之水、无本之木,成了一种纯粹的形式主义,也就无法做到传情,无法让听众动情了。要准确透彻地把握作品内容,应注意以下几点:

1. 正确、深入地理解作品的思想感情

朗诵者要把作品的思想感情准确地表现出来,需要透过字里行间,理解作品的内在含义。首先,要清除障碍,搞清楚文中生字、生词、成语典故、语句等的含义,不要囫囵吞枣、望文生义。其次,要把握作品创作的背景、作品的主题和情感的基调,这样才会准确地理解作品,才不会把作品念得支离破碎,甚至歪曲原作的思想内容。

2. 深刻、细致的感受

有的朗诵,听起来也有着抑扬顿挫的语调,可就是打动不了听众。如果不是作品本身有缺陷,那就是朗诵者对作品的感受还太浅薄,没有真正走进作品。听众是敏锐的,他们不会被虚情假意所感动,朗诵者要唤起听众的感情,使听众与自己同喜、同悲、同呼吸,必须仔细体味作品,进入角色。在理解、感受作品的同时,往往伴随着丰富的想象,这样才能使作品的内容在自己的心中、眼前活动起来,就好像亲眼看到、亲身经历一样。

以朗诵毛泽东诗词《沁园春·雪》为例,朗诵者在朗诵之前应该对作品所产生的时代背景有比较深入的了解,从而进一步感受作品的意境。诗词一开头是描写北国大雪纷飞的壮丽景象,气势磅礴,动静交融。一个"望"字,将人们的目光带入一个更加开阔的境界:眼前山河大地,虽然是银装素裹,但生机涌动……"须晴日,看红装素裹,分外妖娆",这是作者想象雪后初晴,红日与白雪相映照的情景,意境更加娇艳动人。后半部分主要是抒发作者的壮志豪情,一个"昔"字之后寥寥数字,将中国几千年来的英雄豪杰轻轻地一笔带过。最后一部分"俱往矣,数风流人物还看今朝",表现了作者高瞻远瞩的博大胸怀和英雄主义气概。

通过这样深入地分析、理解、感受和想象,我们对这首诗词的朗诵就有底了,在感情的投入和表现方面,就能处理得当,通过速度的快慢、声音的起伏、节奏的把握等技巧将作品的内在含意较好地表现出来,达到预期的朗诵效果。

第一节　诗歌朗诵

　　学习诗歌朗诵,就必须掌握朗诵技巧,如音调的高低、音量的大小、声音的强弱、速度的快慢,有对比、有起伏、有变化,使整个朗诵犹如一曲优美的乐章。
　　下面举两个例子谈谈诗歌朗诵的技巧。

春　晓
[唐]孟浩然

春眠不觉晓,
处处闻啼鸟。
夜来风雨声,
花落知多少。

　　这是一首格律诗,朗诵这首诗时,应该注意每个字都要吐音清晰,注意诗的节奏。每行诗句都可处理为三处停顿:春眠/不觉/晓,处处/闻/啼鸟。夜来/风雨/声,花落/知/多少。念到"晓"、"鸟"、"少"时,字音要适当延长,略带吟诵的味道,使听众能感觉出诗的音韵美和节奏感。
　　前两句是写诗人早上醒来后看到的景物,朗诵时要用柔和、舒缓的语调,音量不要过大。"鸟"字的尾音可稍向上扬,表现出诗人见到的是春光明媚、鸟语花香的明朗景象。后两句写诗人想起昨天夜里又刮风又下雨,不知园子里的花被打落了多少。在读"花落知多少"时,要想象出落花满园的景象。可重读"落"字,再逐渐减轻"知多少"三个字的音量,表现出诗人对落花的惋惜心情。

我的自白书
陈　然

任脚下响着沉重的铁镣,
任你把皮鞭举得高高,
我不需要什么自白,
哪怕胸口对着带血的刺刀!

人,不能低下高贵的头,
只有怕死鬼才乞求"自由";

毒刑拷打算得了什么?
死亡也无法叫我开口!

对着死亡我放声大笑,
魔鬼的宫殿在笑声中动摇;
这就是我——一个共产党员的自白,
高唱凯歌埋葬蒋家王朝。

  这是陈然同志被捕以后特务们逼迫他写的。这首诗既是一个共产党员崇高内心世界的真实写照,又是对蒋家王朝必然灭亡的庄严宣判。全诗感情真挚,充满了激情,充分表现了先烈坚定的革命信念和大义凛然的革命气节。同学们在朗诵这首诗的时候,要表现出作者视死如归的英雄气概和对敌人极端蔑视的口气,语调要高昂有力。

  第一节,两个"任"字表现了革命先烈不怕敌人毒刑拷打的坚强意志,要读得重些;"不需要"三个字的语气是坚定的;"哪怕胸口对着带血的刺刀!"这个反问句,表示强调肯定的语气,"血"字的尾音要稍微拖长,并且往下降,表现出对敌人残酷屠杀的轻蔑。

  第二节,"人"和"怕死鬼"形成对比,要读得稍重;"自白"的尾音要拖长,表示出是所谓的自白的意思;"毒刑拷打算得了什么!"一句要读出反问的语气。

  第三节是全诗的高潮,朗诵时要感情奔放,语调昂扬,要表现出共产党人誓与敌人斗争到底的英雄气概和坚信革命必胜的乐观主义精神。

  如果我们能领会诗的意境,就能深刻感受作者坚贞不屈的英雄气概,激起我们与诗的内容相应的感情;再恰当地掌握重音和停顿,朗诵时就会感情充沛、节奏鲜明,使听众受到强烈的感染。

  总之,朗诵诗歌时,要注意节奏鲜明,并根据作品的基本节奏采取相应的速度。该轻快的要朗诵得轻快些,该沉重的要朗诵得沉稳、稍慢些。就一首诗来说,朗诵速度也不是固定不变的,而是要根据表现作品内容的需要来决定,并具有一定的变化。

  朗诵的技巧只有在不断实践中体会并得到提高,以下我们选择了 13 首诗歌,作为同学们朗诵时的参考材料。

1. 沁园春·雪

　　毛泽东

北国风光，
千里冰封，
万里雪飘。
望长城内外，
惟余莽莽；
大河上下，
顿失滔滔。
山舞银蛇，
原驰蜡象，
欲与天公试比高。
须晴日，
看红装素裹，
分外妖娆。

江山如此多娇，
引无数英雄竞折腰。
惜秦皇汉武，
略输文采；
唐宗宋祖，
稍逊风骚。
一代天骄，
成吉思汗，
只识弯弓射大雕。
俱往矣，
数风流人物，
还看今朝。

朗诵提示

　　这首诗词在朗诵时，眼前要浮现北国的壮丽景色，走进诗人的境界。前半部分是对景色的赞美，寓情于景，这里要用舒缓的节奏和赞美的语气。下半部分，以"昔"字开头处，是借历史的上的英雄豪杰之名，行抒发革命豪情之实。注意诗词的层次，朗诵时安排适当的节奏和语气。

2.天上的街市

郭沫若

远远的街灯明了,
好像闪着无数的明星。
天上的明星现了,
好像点着无数的街灯。
我想那缥缈的空中,
定然有美丽的街市。
街市上陈列的一些物品,
定然是世上没有的珍奇。
你看,那浅浅的天河,
定然是不甚宽广。
那隔着河的牛郎织女,
定能够骑着牛儿来往。
我想他们此刻,
定然在天街闲游。
不信,请看那朵流星,
是他们提着灯笼在走。

朗诵提示

对诗歌首先要熟读成诵,才能丢掉包袱深入诗歌的意境。在朗读这首的时候,一定要注意体会它呈现出来的恬静、明丽、清新的画面。美好、恬静、自在是这首诗的感情基调。朗诵时应该注意"三不宜":节奏不宜太强,声音不宜太响,速度不宜太快,可以轻松、柔和、舒缓一点。充满着无限的向往。

3. 乡　愁

余光中

小时候，
乡愁是一枚小小的邮票，
我在这头，
母亲在那头。

长大后，
乡愁是一张窄窄的船票，
我在这头，
新娘在那头。

后来啊，
乡愁是一方矮矮的坟墓，
我在外头，
母亲在里头。

而现在，
乡愁是一湾浅浅的海峡，
我在这头，
大陆在那头。

朗诵提示

　　这首诗歌只有四小节，诗歌很短，分别以"小时候"、"长大后"、"后来啊"、"而现在"引发的无限向往和思念之情，情感真挚，催人泪下。朗诵时要用深沉的语气和缓慢的节奏来表达这种情绪和意境。语速虽然慢，但感情是连贯的，有些句与句之间，甚至词与词之间，表达时虽然停顿的时间较长，但由于情感上是密不可分的，仍然是整体。要深刻地体验这种内在情感的联系并表达出来。

4. 青春中国

打油郎

用茫茫的夜色作墨
用疮痍的土地作纸
在鸦片战争的硝烟之后
是谁？
写下的两个字——中国
让人读得昏暗读得疲惫
更让人读得心痛读得悲愤
那萎缩在清末史书里的
消瘦的中国呵
那跪倒在《南京条约》里的
软弱的中国呵

那一天，无数的青年
走上了街头
面对淋漓的鲜血
面对惨淡的人生
他们的呐喊如同一阵阵惊雷
激荡着这昏睡的土地
他们就像一束束火焰
在曲折的道路中蔓延
盛开成五月绚丽的花朵

此后，他们加入到共产党人的行列中
他们义无反顾地选择了
用铁锤砸碎黑暗
用镰刀收割光明
他们走过漫道
他们越过雄关
他们驰骋疆场
他们英勇杀敌
他们要以枪杆做笔

写下一个崭新的中国
他们要以热血为色
描绘一个青春的中国

许多年后的今天
当我的目光穿越历史的峰峦
我依然可以感受到他们的呼吸
我又看见了
一群又一群的青年
那挂满汗水的面孔
我又听见了
他们嘹亮的歌声
在荒芜的土地上回荡
他们用无怨无悔的青春
在悠悠岁月中
写着一首爱的诗篇

是的,岁月悠悠、人生漫漫
那是一首激情澎湃的诗篇
那是一片开满鲜花的风景
那是一曲气势磅礴的交响
那是一座壮志凌云的丰碑

哦,中国,我要为你写一首诗
用太阳金色的语言
用心海浩瀚的蔚蓝
哦,中国,我要为你画一幅画
用春天百花的色彩
用五星红旗的光芒

今天,一个大写的中国
让人读得光明、读得酣畅
今天,一个腾飞的中国
更让人读得生动、读得自豪
这就是在世界的东方喷薄而出的
希望的中国

这就是在中国共产党领导下的
辉煌的中国
这就是我们的
青春中国!

> 朗诵提示

这首诗是从历史的回顾到今天的辉煌逐层递进,讴歌祖国。在朗诵时,感情要随着内容而起伏。第一段回忆旧中国的黑暗、屈辱,声音应是缓慢、悲痛的;第二、三段追忆革命先烈们为摧毁旧制度建立崭新的中国而献身,声音中应充满坚定和必胜的信念;最后一段是全诗的高潮,语音、语调是最明朗的,充满热情和自豪。

5. 我骄傲,我是中国人

王怀让

在无数蓝色的眼睛和红色的眼睛之中,
我有一双宝石般的黑色的眼睛,
我骄傲,我是中国人!

在无数白色的皮肤和黑色的皮肤之中,
我有着大地般黄色的皮肤,
我骄傲,我是中国人!

我是中国人——
黄土高原是我的胸脯,
黄河流水是我沸腾的血液,
长城是我扬起的手臂,
泰山是我站立的脚跟。

我是中国人——
我的祖先最早走出森林,
我的祖先最早开始耕耘,
我是指南针、印刷术的后裔,
我是圆周率、地动仪的子孙。
在我的民族中
不光有史册上万古不朽的

孔夫子、司马迁、李自成、孙中山，
还有那文学史上万古不朽的
花木兰、林黛玉、孙悟空、鲁智深。

我是中国人——
在我的国土上不光有
雷电轰不倒的长白雪山、黄山劲松，
还有那风雨不灭的井冈传统、延安精神！

我是中国人——
我那黄河一样粗犷的声音，
不光响在联合国的大厦里，
大声发表着中国的议论，
也响在奥林匹克的赛场上，
大声高喊着"中国得分"。
当掌声把五星红旗托上蓝天，
我骄傲，我是中国人！

我是中国人——
我那长城一样巨大的手臂，
不光把采油钻杆钻进外国人
预言打不出石油的地心；
也把通信卫星送上祖先们
梦里也没有到过的白云；
当五大洲倾听东方的时候，
我骄傲，我是中国人！

我是中国人，
我是莫高窟壁画的传人，
让那翩翩欲飞的壁画与我们同往。
我就是飞天，
飞天是我们。
我骄傲，我是中国人！

> 朗诵提示

朗诵这首诗,要充满自豪感。这一点,同学们都能理解,但是在朗诵时,有的同学一开始就把音调提得很高,而后面该往高潮推时,却没有余地了。所以要注意控制声音,千万不要喊叫。诗歌朗诵是有起伏的,节奏上也是有急缓的。这些都要合理安排。

6.雪花的快乐
徐志摩

假若我是一朵雪花,
翩翩的在半空里潇洒,
我一定认清我的方向
　　——飞扬,飞扬,飞扬,
这地面上有我的方向。
不去那冷寞的幽谷,
不去那凄清的山麓,
也不上荒街去惆怅
　　——飞扬,飞扬,飞扬,
　　——你看,我有我的方向!
在半空里娟娟的飞舞,
认明了那清幽的住处,
等着她来花园里探望
　　——飞扬,飞扬,飞扬,
　　——啊,她身上有朱砂梅的清香!
那时我凭借我的身轻,
盈盈的,沾住了她的衣襟,
贴近她柔波似的心胸
　　——消溶,消溶,消溶
　　——溶入了她柔波似的心胸。

> **朗诵提示**

这首诗歌非常抒情,意境很美。作者写这首诗歌时是用赞美的眼光去看、去写的,作为朗诵者则应该再现这一情境,眼前仿佛有无数个雪花在飞扬,飞扬。同时是那么自信,"你看,我有我的方向"。既然是欢快、喜悦的心情,朗诵者语音也应该是欢快的、活泼的。

7. 无怨的青春

席慕容

在年轻的时候,
如果你爱上了一个人,
请你,请你一定要温柔地对待他。
不管你们相爱的时间有多长或多短,

若你们能始终温柔地相待,
那么,所有的时刻都将是一种无瑕的美丽。
若不得不分离,
也要好好地说声再见,
也要在心里存着感谢,
感谢他给了你一份记忆。

长大了以后,你才会知道,
在蓦然回首的刹那,
没有怨恨的青春,
才会了无遗憾,
如山冈上那轮静静的满月。

> **朗诵提示**

深情、舒缓是这首诗歌的主旋律,朗诵这首诗时,应表现出诗中所具有的那种温柔、美好、宽容和感恩的情感。

8. 有 的 人
臧克家

有的人活着
他已经死了;
有的人死了
他还活着。

有的人
骑在人民头上:"呵,我多伟大!"
有的人
俯下身子给人民当牛马。

有的人
把名字刻入石头想"不朽";
有的人
情愿作野草,等着地下的火烧。

有的人
他活着别人就不能活;
有的人
他活着为了多数人更好地活。

骑在人民头上的,
人民把他摔垮;
给人民作牛马的,
人民永远记住他!

把名字刻入石头的,
名字比尸首烂得更早;
只要春风吹到的地方,
到处是青青的野草。

他活着别人就不能活的人,
他的下场可以看到;
他活着为了多数人更好活的人,
群众把他抬举得很高,很高。

> 朗诵提示

这首诗采用对比的手法,描绘两类人的人生价值观以及人民大众对他们各自的态度。朗诵时,要注意区分语音、语调,表现出爱憎分明的立场。例如开头一节"有的人活着,他已经死了;有的人死了,他还活着",前半句最后的两个字,音调要下沉,后半句的最后两个字,声音要扬起,这样对比就很鲜明。

9. 我愿意是急流

裴多菲

我愿意是急流,
是山里的小河,
在崎岖的路上
岩石上经过……
只要我的爱人
是一条小鱼,
在我的浪花中
快乐地游来游去。

我愿意是荒林,
在河流的两岸,
面对一阵阵狂风,
勇敢地作战……
只要我的爱人
是一只小鸟,
在我的稠密的树枝间
做窠、鸣叫。

我愿意是废墟,
在峻峭的山岩上,
这静默的毁灭
并不使我懊丧……
只要我的爱人
是青青的常春藤,
沿着我荒凉的额
亲密地攀援上升。

我愿意是草屋，
在深深的山谷底，
草屋的顶上
饱受风雨的打击……
只要我的爱人
是可爱的火焰，
在我的炉子里
愉快地缓缓闪现。

我愿意是云朵，
是灰色的破旗，
在广漠的空中
懒懒的飘来荡去……
只要我的爱人，
是珊瑚似的夕阳，
傍着我苍白的脸，
显出鲜艳的辉煌。

朗诵提示

这是一首充满爱意的诗，朗诵时应用温柔美好、充满爱意的音色来表现。平稳、从容的语速，洋溢着明朗快乐的情绪。

10. 祖国啊，我亲爱的祖国
舒 婷

我是你河边上破旧的老水车，
数百年来纺着疲惫的歌；
我是你额上熏黑的矿灯，
照你在历史的隧洞里蜗行摸索；
我是干瘪的稻穗；
是失修的路基；
是淤滩上的驳船
把纤绳深深
勒进你的肩膊；

——祖国啊！

我是贫困，
我是悲哀。
我是你祖祖辈辈
痛苦的希望啊，
是"飞天"袖间
千百年来未落到地面的花朵；
——祖国啊！

我是你簇新的理想，
刚从神话的蛛网里挣脱；
我是你雪被下古莲的胚芽；
我是你挂着眼泪的笑窝；
我是新刷出的雪白的起跑线；
是绯红的黎明
正在喷薄；
——祖国啊！

我是你十亿分之一，
是你九百六十万平方的总和；
你以伤痕累累的乳房
喂养了
迷惘的我、深思的我、沸腾的我；
那就从我的血肉之躯上
去取得
你的富饶、你的荣光、你的自由；
——祖国啊！
我亲爱的祖国！

朗诵提示

  这是一首"朦胧诗"，它是采用虚写手法，变具体为抽象，追求的是诗的内在旋律，运用象征和隐喻的写法，使人读起来有一种朦胧的美感。以第一人称的形式深情地向祖国诉说着"我"与祖国生死相依患难与共的情感。

朗诵这首诗时,要像诗一样,饱含着对祖国深深的爱。同时也要根据诗歌不同阶段所表现的情感进行朗诵,从深沉、缓慢,到满怀希望和热情,再到充满激情的呼唤和讴歌。注意语音、语调和节奏的把握。

11. 在山的那边

王家新

小时候,我常伏在窗口痴想
——山那边是什么呢?
妈妈给我说过:海
哦,山那边是海吗?
于是,怀着一种隐秘的想望
有一天我终于爬上了那个山顶
可是,我却几乎是哭着回来了
——在山的那边,依然是山
山那边的山啊,铁青着脸
给我的幻想打了一个零分!
妈妈,那个海呢?

在山的那边,是海!
是用信念凝成的海
今天啊,我竟没想到
一颗从小飘来的种子
却在我的心中扎下了深根
是的,我曾一次又一次地失望过
当我爬上那一座座诱惑着我的山顶
但我又一次次鼓起信心向前走去
因为我听到海依然在远方为我喧腾
——那雪白的海潮啊,夜夜奔来
一次次漫湿了我枯干的心灵……

在山的那边,是海吗?
是的!人们啊,请相信——
在不停地翻过无数座山后
在一次次地战胜失望之后

你终会攀上这样一座山顶
而在这座山的那边,就是海呀
是一个全新的世界
在一瞬间照亮你的眼睛……

朗诵提示

这首诗歌以大海比喻理想,用群山比喻困难,用爬山比喻艰苦奋斗,从而告诉人们,通往理想之路是漫长的、崎岖的,要不怕长途跋涉,才能达到理想的境界。朗诵这首诗时,语言风格平实,接近口语,给人以诚实可信,表现了一步一个脚印,翻山越岭去寻找理想之"海"。南方的同学要注意一些字的发音:凝、根、顶、腾、灵、睛。

12. 春天的后面不是秋
郭小川

春天的后面不是秋,
何必为年龄发愁?
只要在秋霜里结好你的果子,
又何必在春花面前害羞?
有时候我也着急,
那是因为工作的不顺利,
有时候我也发愁,
那是因为我的祖国还很落后。
我曾踏遍人生的旅途,
最后才知道,
这是人生唯一正确的道路——
人民的事业与世长久,
谁的生命与它结合,
白发就上不了他的头。
我不再有什么别的希望,
只希望人民不再受苦难;
我不再有什么别的要求,
我的要求就在大家的要求里头。

啊，朋友，
春天的后面不是秋，
何必为年龄发愁！

朗诵提示

这首诗，充满了革命的激情和浪漫。在艰难困苦中，只要有了这样的情怀，就没有克服不了的困难，诗人郭小川正是在困境中写下了这样的诗篇。诗中闪耀着哲理的火花，"只要在秋霜里结好你的果子，又何必在百合花面前害羞"，"人民的事业与世长久，谁的生命与它结合，白发就上不了他的头"。这首诗歌在朗诵时语速应该较快，要有一种鼓动性，音调铿锵，充满激情，奋发向上。

13. 我为少男少女们歌唱
何其芳

我为少男少女歌唱。
我歌唱早晨，
我歌唱希望，
我歌唱那些属于未来的事物
我歌唱正在生长的力量。

我的歌啊，
你飞吧，
飞到年轻人的心中
去找你停留的地方。

所有使我像草一样颤抖过的
快乐或者好的思想，
都变成声音飞到四面八方去吧，
不管它像一阵微风
或者一片阳光。

轻轻地从我琴弦上
失掉了成年的忧伤。
我重新变得年轻了，
我的血又流得很快了，

对于生活我又充满了梦想,
充满了渴望。

> 朗诵提示

这首诗的基调是奔放、快乐、积极向上的。这里的少男少女并不是实指,而是借此对包括少男少女在内的新的生活、新的事物和新的力量的歌唱。诗的第一节在说了"我为少男少女们歌唱"后,连用四个排比句,语速应该稍快,语调适当高亢一点,要读得有气势。接下来,"我的歌啊,你飞吧",前面三个字声调可以下降一点,这样才能更好地衬托后面扬起的"飞吧"。注意朗诵声调的安排,不能因为是赞美,就把声调一下子提到最高,要为真正的诗歌高潮处留有余地。没有平地,怎能显出高山呢?也不要追求太大的音量,声音要饱满,富有张力。

第二节　散文朗诵

散文,可以泛指韵文以外所有的文章,包括小说和议论文;也可以特指以抒发作者个人感受为主的文章。一般把这后一类散文称为"抒情散文"。作为朗诵材料的散文多半属于"抒情散文"。

抒情散文总是从作者主观视点来观察世界万物,从中有所感悟,于是有感而发,抒发自己的感想。读散文,听散文,似乎是跟着作者去看去想,最终和作者想到一块儿去,所以散文朗诵的基调是平缓的,没有太大的起伏。即使是在作品的高潮,也不会像演讲那样异峰突起,慷慨激昂。在朗诵时要用中等的速度,柔和的音色,一般用拉长而不用加重的方法来处理强调重音。

散文虽然不像诗歌那样有规整的节奏和严格的韵律,但是也讲究节奏和韵律美。散文的局部和某些句子也有对称结构。例如:"风,轻悄悄的;草,软绵绵的。"在朗诵时,我们可以用相同的语调来读这对语句,使文中的韵律美表现出来。

散文也有不同的类型。有的散文以抒情为主,不写人和事。例如朱自清先生著名的散文《荷塘月色》《匆匆》,都是在抒发作者的感受。有的文章中虽然也会出现一些事物,但是这些事物都是虚写,而不是实写的,是概括而不是具体的。例如朱自清在著名的散文《春》中描写春天、赞美春天,发出"一年之计在于春"的感想,从而激发了对生活的热爱。这篇散文基调是热情、愉快的,我们应该用明朗、甜美的嗓音去读。在文章中虽然有山有水、有花有鸟,还有人,但是这些都不是具体的某一个人。我们在朗读这一类型的散文时,完全可以用作者的感受为线索。朗诵《春》时,一开始是一种殷切期盼的情感,在朗诵"山,朗润起来了;水,涨起来了;太阳的脸,红起来了"时,要把三个层次读出来,把春天越来越近、人们越来越欣喜的心情读出来。中间的部分,从各个方面描写春天,也表现了作者对春天的热爱。我们可以用减低速度、降低音量的方法把描写和抒情区别开来。最后的三小节,用娃娃、姑娘、青年来比喻春天,体现了人们对新的一年的憧憬和希望,情绪也随之转向高昂。音量、语速也应随之步步提高。

另外一种类型的散文稍有不同,这些散文中穿插着一些人和事。有时,正是这些人和事给了作者启示,由此而产生了感慨。那么我们怎样来朗读这种类型的散文呢?总的说来,我们应该把其人其事作为散文的一个组成部分而不是把它们作为一个故事来读。例如曹展的散文《雪花飘啊飘》,就是这一类的作品。这篇散文从作者主观视角出发,描写自己从雪地上母女情深的画面受到感染和启发,因而反思自己成年后不如幼年时那样体谅、关爱自己的母亲。经过反思,激发了对双亲的爱。在文章中,一开头作者回答母亲的叮嘱时,用的是漫不经心的语气,紧接着就出现了雪地中嬉戏的一对母女。对母女俩的描写以及小女儿天真无邪、活泼可爱的声音,还有文章最后作者反思时沉重的语气,这些都是需要在朗诵中加以渲染的,但是他们又必须表现为作者整个感情线索中的有机组成部分,受到作者感情线索的制约,而不是自由的、游离的。换个方式说,如果我们把这一段母女雪中嬉戏的故事拿出来单独朗读,可能有哪些不同呢?因为这一段故事在作者整个思想脉络中是作为参照物而存在的,如果游离出来,那就不存在参照对比的问题,因此也就不需要特别强调什么地方。这段小故事虽然很短,却也包括了这样一些情节:①母女俩在雪地里嬉戏;②母亲摔倒了;③我拉起她;④她扶起女儿;⑤女儿给妈妈拍雪,问妈妈疼不疼;⑥妈妈笑得很舒心。

如果是独立的故事,朗读时很难说应该强调哪儿。如果说朗诵者要强调扶起妈妈助人为乐,你也很难说不对。现在有了对比,作为参照物,那么在作者看来,在作者听来,哪些地方会使她留下特别深刻的印象呢?一定是跟自己反差特大的地方了。那就是"为妈妈拍雪","扶妈妈走路",还有就是那一声"妈妈,你疼不疼?"了。因为正是这一笔,使作者想到自己幼年时对母亲的深情;也猛然发现自己成年之后的变化;并且真正领悟了父母的对自己的爱!正由于此,才激发了作者对父母强烈的爱。

所以我们在朗诵时要强调的是小女孩儿对妈妈的动作和话语,还要强调母亲的反应。这样才能使这段故事成为全文的组成部分,并在全文起到画龙点睛的作用。

以下我们选择了12篇经典散文片段,作为同学们散文朗诵练习的参考资料:

1.《匆匆》
朱自清

燕子去了,有再来的时候;杨柳枯了,有再青的时候;桃花谢了,有再开的时候。但是,聪明的,你告诉我,我们的日子为什么一去不复返呢?——是有人偷了他们吧:那是谁?又藏在何处呢?是他们自己逃走了吧:现在又到哪里呢?

我不知道他们给了我多少日子;但我的手确乎是渐渐空虚了。在默默里算着,八千多日子已经从我手中溜去;像针尖上一滴水滴在大海里。我的日子滴在时间的流里,没有声音,也没有影子。我不禁头涔涔而泪潸潸了。

去的尽管去了,来的时候尽管来着;去来的中间,又怎样地匆匆呢?早上我起来的时候,小屋里射进两三方斜斜的太阳。太阳他有脚啊,轻轻悄悄地挪移了;我也茫茫然跟着旋转。于是——洗手的时候,日子从水盆里过去;吃饭的时候,日子从饭碗里过去;默默时,便从凝然的双眼前过去。我觉察他去的匆匆了,伸出手遮挽时,他又从遮挽着的手边过去,天黑时,我躺在床上,他便伶伶俐俐地从我身上跨过,从我脚边飞去了。等我睁开眼和太阳再见,这算又溜走了一日。我掩着面叹息。但是新来的日子的影儿又开始在叹息里闪过了。

在逃去如飞的日子里,在千门万户的世界里的我能做些什么呢?只有徘徊罢了,只有匆匆罢了;在八千多日的匆匆里,除徘徊外,又剩些什么呢?过去的日子如轻烟,被微风吹散了,如薄雾,被初阳蒸融了;我留着些什么痕迹呢?我何曾留着像游丝样的痕迹呢?我赤裸裸来到这世界,转眼间也将赤裸裸的回去吧?但不能平的,为什么偏要白白走这一遭啊?

你聪明的,告诉我,我们的日子为什么一去不复返呢?

朗诵提示

这是一篇优美的散文,文中抒发了作者对时间匆匆流逝的惋惜和无奈。与故事表演和诗歌朗诵一样,散文朗诵的前提,首先是熟悉全文并能够背诵相关的段落。接着依次对段落、层次、句子中的逻辑重音进行分析。

《匆匆》这篇散文在朗诵时整体情绪应该是一致的,语速不宜快,语气比较沉,要表达出一种无奈和惆怅情绪。

2.《白杨礼赞》(节选)
茅 盾

这就是白杨树,西北极普通的一种树,然而决不是平凡的树!

它没有婆娑的姿态,没有屈曲盘旋的虬枝,也许你要说它不美丽——如果美是专指"婆娑"或"横斜逸出"之类而言,那么白杨树算不得树中的好女子;但是它却是伟岸,正直,朴质,严肃,也不缺乏温和,更不用提它的坚强不屈与挺拔,它是树中的伟丈夫!当你在积雪初融的高原上走过,看见平坦的大地上傲然挺立这么一株或一排白杨树,难道你觉得树只是树,难道你就不想到它的朴质,严肃,坚强不屈,至少也象征了北方的农民;难道你竟一点也不联想到,在敌后的广大土地上,到处有坚强不屈,就像这白杨树一样傲然挺立的守卫他们家乡的哨兵!难道你又不更远一点想到这样枝枝叶叶靠紧团结,力求上进的白杨树,宛然象征了今天在华北平原纵横决荡用血写出新中国历史的那种精神和意志。

白杨不是平凡的树。它在西北极普遍,不被人重视,就跟北方农民相似;它有极强的生命力,磨折不了,压迫不倒,也跟北方的农民相似。我赞美白杨树,就因为它不但象征了北方的农民,尤其象征了今天我们民族解放斗争中所不可缺的朴质,坚强,以及力求上进的精神。

让那些看不起民众,贱视民众,顽固的倒退的人们去赞美那贵族化的楠木(那也是直干秀颀的),去鄙视这极常见,极易生长的白杨罢,但是我要高声赞美白杨树!

朗诵提示

这一散文片断是大家都熟悉的,总体的基调是赞颂,赞颂白杨、赞颂北方农民,它们(他们)是极普通的,然而却是不平凡的。朗诵时第一自然小节应该用肯定的语气,突出决不是这三个字。第二自然小节开始部分是平稳的叙述语气,接下来一连用了四个"难道你……"的排比句式,在语气上要逐层增强。最后两节在表达情感上是直抒胸臆,感情应该是积极向上的、热烈的。

3.《第一场雪》
峻 青

这是入冬以来,胶东半岛上第一场雪。

雪纷纷扬扬,下得很大。开始还伴着一阵儿小雨,不久就只见大片大片的雪花,从彤云密布的天空中飘落下来。地面上一会儿就白了。冬天的山村,到了夜里就万籁俱寂,只听得雪花簌簌地不断往下落,树木的枯枝被雪压断了,偶尔咯吱一声响。

大雪整整下了一夜。今天早晨,天放晴了,太阳出来了。推开门一看,嗬!好大的雪啊!山川、河流、树木、房屋,全都罩上了一层厚厚的雪,万里江山,变成了粉妆玉砌的世界。落光了叶子的柳树上,则挂满了毛茸茸亮晶晶的银条儿;而那些冬夏常青的松树和柏树上,则挂满了蓬松松沉甸甸的雪球儿,一阵风吹来,树枝轻轻地摇晃,美丽的银条儿和雪球儿簌簌地落下来,玉屑似的雪末儿随风飘扬,映着清晨的阳光,显出一道道五光十色的彩虹。

大街上的积雪足有一尺多深,人踩上去,脚底下发出咯吱咯吱的响声。一群群孩子在雪地里堆雪人,掷雪球儿。那欢乐的叫喊声,把树枝上的雪都震落下来了。

俗话说,"瑞雪兆丰年"。这个话有充分的科学根据,并不是一句迷信的成语。寒冬大雪,可以冻死一部分越冬的害虫;融化了的水渗进土层深处,又能供应庄稼生长的需要。我相信这一场十分及时的大雪,一定会促进明年春季作物,尤其是小麦的丰收。有经验的老农把雪比做是"麦子的棉被"。冬天"棉被"盖得越厚,明春麦子就长得越好,所以又有这样一句谚语:"冬天麦盖三层被,来年枕着馒头睡"。

我想,这就是人们为什么把及时的大雪称为"瑞雪"的道理吧。

朗诵提示

从全文来看,这篇散文充满着喜悦之情。雪花的到来,预示着来年有一个好的收成,"瑞雪兆丰年"、"冬天麦盖三层被,来年枕着馒头睡",朗诵时要把这种喜悦之情融入其中。开头第一句要突出"第一"两字。接下来是对下雪的描述,动静交融,语速不要快。第三小节写早晨推开门时的惊喜,"嗬!好大的雪啊!"应该是脱口而出,"山川、河流、树木、房屋,全都罩上了一层厚厚的雪,万里江山,变成了粉妆玉砌的世界……"一句,语速较快,音量也较高,与前面两小节在语音、语速上有明显的区别。最后两小节对下雪作了一点理性的分析,语气中有喜悦,但与前面相比,应该比较平稳,有胜券在握的自信。

4.《济南的冬天》(节选)
老 舍

对于一个在北平住惯的人,像我,冬天要是不刮风,便觉得是奇迹;济南的冬天是没有风声的。对于一个刚由伦敦回来的人,像我,冬天要能看得见日光,便觉得是怪事;济南的冬天是响晴的。自然,在热带的地方,日光是永远那么毒,响亮的天气,反有点叫人害怕。可是,在北中国的冬天,而能有温晴的天气,济南真得算个宝地。

设若单单是有阳光,那又算不了出奇。请闭上眼睛想:一个老城,有山有水,全在天底下晒着阳光,暖和安适地睡着,只等春风来把它们唤醒,这是不是理想的境界?小山整把济南围了个圈儿,只有北边缺着点口儿。这一圈小山在冬天特别可爱,好像是把济南放在一个小摇篮里,它们安静不动地低声说:"你们放心吧,这儿准保暖和。"济南的人们在冬天是面上含笑的。他们一看那些小山,心中便觉得有了着落,有了依靠。他们由天上看到山上,便不知不觉地想起:"明天也许就是春天了吧?这样的温暖,今天夜里山草也许就绿起来了吧?"就是这点幻想不能一时实现,他们也并不着急,因为这样慈善的冬天,干什么还希望别的呢!

最妙的是下点小雪呀。看吧,山上的矮松越发的青黑,树尖上顶着一髻儿白花,好像日本看护妇。山尖全白了,给蓝天镶上一道银边。山坡上,有的地方雪厚点,有的地方草色还露着;这样,一道儿白,一道儿暗黄,给山们穿上一件带水纹的花衣;看着看着,这件花衣好像被风儿吹动,叫你希望看见一点更美的山的肌肤。等到快日落的时候,微黄的阳光斜射在山腰上,那点薄雪好像忽然害羞,微微露出点粉色。就是下小雪吧,济南是受不住大雪的,那些小山太秀气。

朗诵提示

这篇散文是对济南冬天的赞美,看了之后使人产生陶醉其中的感觉。因此在朗诵时语速不要快,而要细细地"品味"。尤其进入第二小节,"请闭上眼睛想……",描写了济南的冬天是暖和安适的、响晴的,济南的人们在冬天是面上含笑的。这些句子在阅读时就要仔细的品味,在朗诵时才有可能将感觉融入其中。全篇朗诵要口语化,仿佛在给一个老朋友介绍你的故乡一样,不疾不徐,娓娓道来。

5.《海燕》
高尔基

在苍茫的大海上,风,聚集着乌云。在乌云和大海之间,海燕像黑色的闪电高傲地飞翔。一会儿,翅膀碰着海浪,一会儿,箭一般的直冲云霄,它叫喊着……在这鸟儿勇敢的叫喊声里,乌云听到了欢乐。

在这叫喊声里,充满着对暴风雨的渴望!在这叫喊声里,乌云感到了愤怒的力量、热情的火焰和胜利的信心。

海鸥在暴风雨到来之前呻吟着,——呻吟着,在大海上空飞蹿,想把自己对暴风雨的恐惧,掩藏到大海深处。

海鸭也在呻吟着,——这些愚蠢的海鸭呀,享受不了生活的战斗的欢乐,轰隆隆的雷声就把它们吓坏了。

愚蠢的企鹅,畏缩地把肥胖的身体躲藏在峭崖底下……只有那高傲的海燕,勇敢地,自由自在地,在翻起白沫的大海上飞翔。

乌云越来越暗,越来越低,向海面直压下来;波浪一边歌唱,一边冲向高空去迎接那雷声。雷声轰响。波浪在愤怒的飞沫中呼叫,跟狂风争鸣。看吧,狂风紧紧抱起一层层巨浪,恶狠狠地把它们甩到悬崖上,把这些大块的翡翠摔成尘雾和碎末。

海燕叫喊着,飞翔着,像黑色的闪电,箭一般的穿过乌云,翅膀刮起波浪的飞沫。看吧,它飞舞着像个精灵——高傲的、黑色的暴风雨的精灵,——它一边大笑,它一边高叫……它笑那些乌云,它为欢乐而高叫!

这个敏感的精灵,从雷声的震怒里早就听出困乏,它深信乌云遮不住太阳,——是的,遮不住的!

风在狂吼……雷在轰响……

一堆堆的乌云像青色的火焰,在无底的大海上燃烧。大海抓住闪电的箭光,把它熄灭在自己的深渊里。闪电的影子,像一条条的火舌,在大海里蜿蜒浮动,一晃就消失了。——

暴风雨!暴风雨就要来啦!

这是勇敢的海燕,在闪电之间,在怒吼的大海上高傲地飞翔。这是胜利的预言家在叫喊:

——让暴风雨来得更猛烈些吧!

> 朗诵提示

　　这首散文诗是大家都非常熟悉的。诗歌讲究的是意境、画面,在朗诵这首诗时,脑海中应该有这样的画面:

　　暴风雨即将来临,海燕高傲的飞翔,以其革命的激情和勇敢的行动表现出对暴风雨的渴望。其他海鸟在暴风雨来临之前惊惶失措的丑态,反衬海燕的高大形象。

　　暴风雨的迫近,海燕叫喊着,飞翔着,暗示在革命高潮迫近时,革命先驱者勇敢斗争的精神风貌。

　　风、雷、云、电在大海上燃烧,海燕精神抖擞,兴高采烈地呼唤革命高潮的到来,抒发胜利预言家的豪情。

　　在朗诵时要区分一般的叙述语言、对海燕的歌颂语言以及海燕的"叫喊、呼唤声",从总体来看,情绪比较激昂。

6.《雪花飘啊飘》
曹 展

　　清晨起来,拉开窗帘,一个银亮的世界展现在我的眼前。我一看见这纯白的雪片,就直想尽快扑进这雪白的世界。

　　妈妈送我走出家门,并三番五次地叮嘱我路上小心。我只顾观赏雪景,自然觉得妈妈罗嗦。"回去吧,真烦人!"便头也不回地上路了。

　　"妈妈,快,快拉我跑!"

　　雪地中一位年轻的母亲拉着身后的小女儿跑着,笑着。忽然,母亲脚下一滑,摔倒在雪地上。我忙跑过去拉起她,她却不顾自己,而是马上扶起坐在地上的小女儿。女儿也很懂事地给妈妈拍去头发上的雪,轻轻地问了一声:"妈妈,您疼不疼?"母亲由衷地笑了,笑得那么舒心。

　　望着雪片纷飞中母女俩紧紧相偎的身影,我的脑海里立刻映出了十年前似曾相似的一幕:那时我也曾十分乖巧地为妈妈拍雪,扶妈妈走路。可十年后同样的雪天,我却只顾自己的兴致,把妈妈的关心搁在一边。也许妈妈并未留意我的话,但十七岁的我应该理解父母的苦心,因为在他们的眼里我永远是个长不大的孩子。

　　也许刚才的那位母亲摔得很重,可小女儿简单的一句"妈妈,您疼不疼?"便已化解了她的疼痛。不管外界多冷,一股股暖流也会涌上心头,这便是世上最动人的欣慰,也是像雪一样纯的真情。

　　雪花飘啊飘,我目送那对母女远去,便急切地回转身,我要回家去对父母说:"爸爸、妈妈,雪大路滑,当心啊!"

> 朗诵提示

这篇散文全篇表现的是人性和亲情。通过一对母女的雪地对话,唤醒了文中的"我"久违了的情感。朗诵时要注意语气的不同变化。如:雪地里母女的对话,女儿心疼地询问母亲的语气与第二节"我"不耐烦地一句"回去吧,真烦人"形成的反差。最后一句应该是充满深情的。

7.《家乡的桥》

郑 莹

纯朴的家乡村边有一条河,曲曲弯弯,河中架一弯石桥,弓样的小桥横跨两岸。

每天,不管是鸡鸣晓月,日丽中天,还是月华泻地,小桥都印下串串足迹,洒落串串汗珠。那是乡亲为了追求多棱的希望,兑现美好的遐想。弯弯小桥,不时荡过轻吟低唱,不时露出舒心的笑容。

因而,我稚小的心灵,曾将心声献给小桥:你是一弯银色的新月,给人间普照光辉;你是一把闪亮的镰刀,割刈着欢笑的花果;你是一根晃悠悠的扁担,挑起了彩色的明天!哦,小桥走进我的梦中。

我在飘泊他乡的岁月,心中总涌动着故乡的河水,梦中总看到弓样的小桥。当我访南疆探北国,眼帘闯进座座雄伟的长桥时,我的梦变得丰满了,增添了赤橙黄绿青蓝紫。

三十多年过去,我带着满头霜花回到故乡,第一紧要的便是去看望小桥。

啊!小桥呢?它躲起来了?河中一道长虹,浴着朝霞熠熠闪光。哦,雄浑的大桥敞开胸怀,汽车的呼啸、摩托的笛音、自行车的叮铃,合奏着进行交响乐;南来的钢筋、花布,北往的柑橙、家禽,绘出交流欢悦图……

啊!蜕变的桥,传递了家乡进步的消息,透露了家乡富裕的声音。时代的春风,美好的追求,我蓦地记起儿时唱给小桥的歌,哦,明艳艳的太阳照耀了,芳香甜蜜的花果捧来了,五彩斑斓的岁月拉开了!

我心中涌动的河水,激荡起甜美的浪花。我仰望一碧蓝天,心底轻声呼喊:家乡的桥啊,我梦中的桥!

> 朗诵提示

这篇散文有着诗一样的语言和意境,朗诵时要用甜美的音色、舒缓的节奏去表现,同时也要注意音调的变化,使朗诵的情绪有一定的起伏。最后一句深情的呼唤,有一种朦胧之美。

8.《可爱的小鸟》(节选)
王文杰

没有一片绿叶,没有一缕炊烟,没有一粒泥土,没有一丝花香,只有水的世界,云的海洋。

一阵台风袭过,一只孤单的小鸟无家可归,落到被卷到洋里的木板上,乘流而下,姗姗而来,近了,近了!……

忽然,小鸟张开翅膀,在人们头顶盘旋了几圈,"噗啦"一声落到了船上。许是累了?还是发现了"新大陆"?水手撵它它不走,抓它,它乖乖地落在掌心。可爱的小鸟和善良的水手结成了朋友。

瞧,它多美丽,娇巧的小嘴,啄理着绿色的羽毛,鸭子样的扁脚,呈现出春草的鹅黄。水手们把它带到舱里,给它"搭铺",让它在船上安家落户,每天,把分到的一塑料桶淡水匀给它喝,把从祖国带来的鲜美的鱼肉分给它吃,天长日久,小鸟和水手的感情日趋笃厚。清晨,当第一束阳光射进舷窗时,它便敞开美丽的歌喉,唱啊唱,嘤嘤有韵,宛如春水淙淙。人类给它以生命,它毫不悭吝地把自己的艺术青春奉献给了哺育它的人。可能都是这样?艺术家们的青春只会献给尊敬他们的人。

小鸟给远航生活蒙上了一层浪漫色调,返航时,人们爱不释手,恋恋不舍地想把它带到异乡。可小鸟憔悴了,给水,不喝!喂肉,不吃!油亮的羽毛失去了光泽。是啊,我们有自己的祖国,小鸟也有它的归宿。人和动物都是一样啊,哪儿也不如故乡好!

慈爱的水手们决定放开它,让它回到大海的摇篮去,回到蓝色的故乡去。离别前,这个大自然的朋友与水手们留影纪念。它站在许多人的头上、肩上、掌上、胳上,与喂养过它的人们,一起融进那蓝色的画面……

> **朗诵提示**

这篇散文的背景是单调的,除了水的世界,就是船的甲板,一只小鸟的出现,改变了海员们的单调生活。朗诵时要注意对小鸟的描述,突出可爱之处,语言节奏是从容的。在朗诵时,南方的同学要注意一些字词的咬字发声:炊、泥、鸟、啄、哺。

9.《春》(节选)
朱自清

盼望着,盼望着,东风来了,春天的脚步近了。一切都像刚睡醒的样子,欣欣然张开了眼。山朗润起来了,水涨起来了,太阳的脸红起来了。

小草偷偷地从土里钻出来,嫩嫩的,绿绿的。园子里,田野里,瞧去,一大片一大片满是的。坐着,躺着,打两个滚,踢几脚球,赛几趟跑,捉几回迷藏。风轻悄悄的,草软绵绵的。

……

"吹面不寒杨柳风",不错的,像母亲的手抚摸着你。风里带来些新翻的泥土的气息,混着青草味儿,还有各种花的香,都在微微湿润的空气里酝酿。鸟儿将巢安在繁花绿叶当中,高兴起来了,呼朋引伴地卖弄清脆的喉咙,唱出宛转的曲子,跟清风流水应和着。牛背上牧童的短笛,这时候也成天嘹亮地响着。

雨是最寻常的,一下就是三两天。可别恼。看,像牛毛,像花针,像细丝,密密地斜织着,人家屋顶上全笼着一层薄烟。树叶儿却绿得发亮,小草也青得逼你的眼。傍晚时候,上灯了,一点点黄晕的光,烘托出一片安静而和平的夜。在乡下,小路上,石桥边,有撑起伞慢慢走着的人,地里还有工作的农民,披着蓑戴着笠。他们的房屋,稀稀疏疏的,在雨里静默着。

天上风筝渐渐多了,地上孩子也多了。城里乡下,家家户户,老老小小,也赶趟儿似的,一个个都出来了。舒活舒活筋骨,抖擞抖擞精神,各做各的一份儿事去。"一年之计在于春",刚起头儿,有的是工夫,有的是希望。

春天像刚落地的娃娃,从头到脚都是新的,它生长着。

春天像小姑娘,花枝招展的,笑着,走着。

春天像健壮的青年,有铁一般的胳膊和腰脚,领着我们向前去。

朗诵提示

充满着喜悦和希望是这篇散文的主要特点,文章中对春天做了细腻的描写,运用了许多拟人的手法,足见作者当时的心境。朗诵时要能体会这些情感,才能较好地表达出来,尤其是最后三句,朗诵时要注意句与句的递进关系,语气逐渐加强,推向高潮。

10.《我有一个梦》(节选)

马丁·路德·金

我的朋友们,今天,我愿对诸位坦诚宣告:尽管我们面前困难重重挫折累累,我还是心怀一个梦,一个深深植根在美国之梦中的梦。

我有一个梦,有朝一日,这个国家会跃然而起,将立国之纲的真谛付诸实践。我们信奉一条不证自明的真理:人,生而平等!

我有一个梦,有朝一日,奴隶的后代和奴隶主的子孙,会在乔治亚洲的山冈上同膝而坐亲如兄弟;我有一个梦,有朝一日,即便密西西比州,那里压迫和不平如同酷暑和赤热的炎炎荒漠,也终将变成自由和公正的菁菁绿洲;我有一个梦,有朝一日,我四个所爱的孩子将生活在一个不再以肤色深浅而是以品格高低为论人准绳的国家里。

今天,我心怀一个梦,我有一个梦,终有一天,在亚拉巴马州,黑男孩儿、黑女孩儿和白男孩儿、白女孩儿,如同兄弟姐妹一般肩并肩手挽手,同步而行。

今天,我心怀一个梦,我有一个梦,终有一天,深谷和高山夷平,歧路化坦途,曲径变通道,云消雾散见天日,万众共沐天主恩。

这就是我们的希望!我胸怀这一信念返回南方。心怀这一信念,我们就能从绝望的巨岭中开采出希望之石;有了这一信念,我们就能将喧嚣吵闹的嘈杂声转变成华丽动人的兄弟情谊交响曲;有了这一信念,我们就能一起工作一起祈祷,一起为自由挺身而出!我们坚信,终有一天我们将获得自由。到了那天,所有上帝的孩子将齐声颂唱:我的国家也是你的国家,可爱的自由之邦,我为这块土地歌唱,自由之地,我的父辈在此埋葬;自由之地,众望所归的人间天堂!只有这一切成为现实,美国才不愧为伟大之邦。

朗诵提示

这是一篇演讲文稿的片断,演讲与一般的朗诵有一定的区别,演讲的目标是非常明确的,它一定是指向特定的人群,同时它有强烈的鼓动性。为了达到这一目的,讲演稿对词汇的选择总是特别地讲究,句式上常用排比句以增强气势。这篇文章就具备这些特点,充满激情又有情感上的起伏,同学们可根据这些特点仔细分析,进行练习。

11.《火烧云》
萧　红

　　晚饭过后,火烧云上来了,霞光照得小孩子的脸红红的。大白狗变成红的了,红公鸡变成金的了,黑母鸡变成紫檀色的了。喂猪的老头儿在墙根靠着,笑盈盈地看着他的两头小白猪变成小金猪了。他刚想说:"你们也变了……"旁边走来一个乘凉的人,对他说:"您老人家必要高寿,您老是金胡子了。"

　　天空的云从西边一直烧到东边,红彤彤的,好像是天空着了火。

　　这地方的火烧云变化极多,一会儿红彤彤的,一会儿金灿灿的,一会儿半紫半黄,一会儿半灰半百合色。葡萄灰、梨黄、茄子紫,这些颜色天空都有,还有些说也说不出来、见也没见过的颜色。

　　一会儿,天空出现一匹马,马头向南,马尾向西。马是跪着的,像是在等着有人骑到它背上,它才站起来似的。过了两三秒钟,那匹马大起来了,马腿伸开了,马脖子也长了,一条马尾巴可不见了。看的人正在寻找马尾巴,那匹马就变模糊了。

　　忽然又来了一条大狗。那条狗十分凶猛,它在前边跑着,后边似乎还跟着好几条小狗。跑着跑着,小狗不知跑到哪里去了,大狗也不见了。

　　接着又来了一条大狮子,跟庙门前的大石头狮子一模一样,也是那么大,也是那样蹲着,很威武、很镇静地蹲着。可是一转眼就变了。要想再看到那头大狮子,怎么也看不到了。

　　一时恍恍惚惚的,天空里又像这个,又像那个,其实什么也不像,什么也看不清了,可是天空偏偏不等待那些爱好它的孩子。一会儿工夫火烧云下去了。

> **朗诵提示**

　　这篇散文描述的是一种自然景观,从火烧云上来到火烧云下去,结构完整,画面色彩绚丽、丰富,情绪祥和欢乐。朗诵时要仿佛看见这一幕幕景观,面部的表情也应该是很生动的,如开头部分的对话、喂猪老头和乘凉人之间的招呼,应该是笑着说的,朗诵者应该面带笑容,语气中也应该有笑意。同时可以适当加一点手势、动作,使得表演更加生动。

12.《希望》（节选）
李含冰

希望，是一种力量，是一次升华，是一个飞跃，是一架阶梯。

青年人在生活中，难免会陷入一种困境而感到失望。一位哲人说，人生之路是由失望和希望串起来的一条项链，因此才多姿多彩。在失望时萌生希望，就会让人驱散心中的浓雾，拥抱一片湛蓝的晴空；让人摆脱沉沉的阴影，去步入一个崭新的天地。失望让人压抑、痛苦，倍受折磨；希望让人振奋、欣喜，跃跃欲试。

没有失望的人生会让人失望，希望之后有失望就会让人萌生新的希望。生活不是一幅呆板的平面图，而是一座立体的雕塑。

失望因为有希望而不会绝望，人生全是希望也不会有希望。失望和希望是双胞胎，几乎从不分离。愚昧的人被压在失望的高山下感伤和叹息；明智的人会从失望的山下向山上攀登，看到另一片天地。

有许多时候，年轻人不是败在失望上，而是败在不会寻找希望上——不善于从失望中开拓希望。有许多时候，我们希望一生充满希望而不懂得会有失望。其实，人生之路是由希望和失望铺筑的，失望连着希望，希望也连着失望。都是希望不可能，因为人不能在人生之路上跳着走，那是一种畸形的人生。所以，当你充满希望时，要想到前面也许就有失望在等待着你；当你遭到挫折对前程或人生失望时，要想到失望之后就是希望。希望是一种宝贵的"金属"，常常要从失望里提炼出来。失望并不可怕，怕的是不会运用失望。

朗诵提示

这篇散文富有哲理，引导人们积极向上。朗诵时要有一定的激情，有一定的鼓舞性；注意排比句式的处理。由于文章哲理性较强，有许多辩证关系需要理清，因此分析时要仔细，分清层次以及句与句之间的逻辑关系，使表达更加清晰。

第5章 器乐表演

随着经济的发展,生活水平的提高,城市里的许多家庭,对子女教育的投资也增加了,许多同学从小就学习乐器。在我们的考生中,有许多同学上高中之前就已通过了乐器业余八级、十级的考试。因此,这些考生以器乐演奏为才艺展示项目。

但是也有一些考生,原本一点基础也没有,总是以为选一种"容易"学的乐器,选一首简单的曲子反复练习半年或几个月,就可以通过考试,这种想法是不现实的。在演奏乐曲时,无论乐曲的长短和技巧的难易如何,专业老师对你的基本功是能够考察出来的,因此如果你不具备这方面基础,就不要选择器乐展示,只有接受过正规的学习和训练,有较好的基础,考前又作了充分准备,才能一显身手。

第一节 乐器的分类

在我国,乐器一般分为两大类:中国民族乐器和西洋管弦乐器。

一、中国民族乐器

民族乐器在我国有着悠久的历史。奴隶社会时期的音乐艺术,已经开始走向专业化,殷商周时期,有记载的乐器就有七十余种之多,它们以制作材料的不同分为"金、石、土、革、丝、木、匏、竹"八类。当时音乐的盛况我们在湖北随县出土的编钟演出中可见一斑。

民族器乐按其性能不同,可分为吹、拉、弹、打四类。

(一)吹奏乐器

我国吹奏乐器的发音体大多为竹制或木制。根据其起振方法不同,可分为三类:

(1) 以气流进入吹口,激起管柱振动。代表乐器有箫、笛(曲笛和梆笛)、口笛等。

(2) 气流通过哨片,使管柱振动。代表乐器有唢呐、海笛、管子、双管等。

(3) 气流通过簧片引起管柱振动。代表乐器有笙、排笙、巴乌等。

由于发音原理不同,所以乐器的种类和音色极为丰富多彩,个性极强。并且由于各种乐器的演奏技巧不同以及地区、民族、时代和演奏者的不同,使民族乐器中的吹奏乐器在长期发展过程中形成极其丰富的演奏技巧,具有独特的演奏风格与流派。

典型的吹奏乐器有:笛、笙、芦笙、排笙、葫芦丝、管子、巴乌、埙、唢呐、箫等。

(二)拉弦乐器

拉弦乐器主要指胡琴类乐器。其历史虽然比其他民族乐器较短,但由于发音优美,有极丰富的表现力,有很高的演奏技巧和艺术水平。拉弦乐器被广泛使用于独奏、重奏、合奏与伴奏。

拉弦乐器大多为两弦,少数用四弦,如四胡、革胡等。大多数琴筒蒙的是蛇皮、蟒皮、羊皮,也有用木板的,如椰胡、板胡等。少数是扁形或扁圆形,如马头琴、坠胡、板胡等。其音色有的优雅、柔和;有的清晰、明亮;有的刚劲、欢快、富于歌唱性。

典型的拉弦乐器有:二胡、板胡、革胡、马头琴、京胡、中胡、高胡等。

(三)弹拨乐器

我国的弹拨乐器分有横式与竖式两类。横式有筝、古琴、扬琴和独弦琴等;竖式有琵琶、阮、月琴、三弦、柳琴、冬不拉等。

弹奏乐器音色明亮、清脆。右手有戴假指甲与拨子两种弹奏方法。右手技巧得到较充分发挥,如弹、挑、滚、轮、勾、抹、扣、划、拂等。右手技巧的丰富,又促进了左手的按、吟、绞、推、挽等技巧的发展。

弹奏乐器除独弦琴外,大都节奏性强,但余音短促,须以滚奏或轮奏长音。弹拨乐器一般力度变化不大。在乐队中除古琴音量较弱,其他乐器声音穿透力均较强。

弹拨乐器除独弦琴外,多以码(或称柱)划分音高,竖式用相、品划分音高,分为无相、无品两种。

各类弹奏乐器演奏泛音有很好的效果。除独弦琴外,都可以演奏双音、和弦、琶音和音程跳跃。

我国弹奏乐器的演奏流派风格繁多,演奏技巧的名称和符号也不尽一致。

典型的弹拨乐器有:琵琶、筝、扬琴、七弦琴(古琴)、热瓦普、冬不拉、阮、柳琴、三弦、月琴等。

(四)打击乐器

我国民族打击乐器品种多,技巧丰富,具有鲜明的民族风格。

根据其发音不同可分为:

(1)响铜类,如大锣、小锣、云锣、大钹、小钹、碰铃等。

(2)响木类,如板、梆子、木鱼等。

(3)鼓类,如大鼓、小鼓、板鼓、排鼓、象脚鼓等。

我国打击乐器不仅是节奏性乐器,而且每组打击乐群都能独立演奏,对衬托音乐内容、戏剧情节和加重音乐的表现力,具有重要的作用。民族打击乐器在我国西洋管弦乐队中也常使用。

民族打击乐可分为有固定音高和无固定音高的两种。无固定音高的如大鼓、小鼓、大锣、小锣、大钹、小钹、板、梆、铃等;有固定音高的如定音缸鼓、排鼓、云锣等。

典型的打击乐器有:堂鼓(大鼓)、碰铃、缸鼓、定音缸鼓、铜鼓、朝鲜族长鼓、大锣、小锣、小鼓、排鼓、达卜(手鼓)、大钹等。

二、西洋乐器

西洋乐器可分为键盘乐器、打击乐器、铜管乐器、木管乐器、弦乐器五大类。

(一)键盘乐器

在键盘乐器家族中,所有的乐器均有一个共同的特点,那就是键盘。但是它们的发声方式却有着微妙的不同,如钢琴是属于击弦打击乐器类,而管风琴则属于簧鸣乐器类,电子合成器则利用了现代的电声科技,等等。

键盘乐器相对于其他乐器家族而言,有其不可比拟的优势,那就是其宽广的音域和可以同时发出多个乐音的能力。正因如此,键盘乐器即使是作为独奏乐器,也具有丰富的和声效果和管弦乐的色彩。所以,从古至今,键盘乐器倍受作曲家和音乐爱好者们的关注和喜爱。

(二)打击乐器

打击乐器是乐器家族中历史最为悠久的一族了。其家族成员众多,特色各异,虽然它们的音色单纯,有些声音甚至不是乐音,但对于渲染乐曲气氛有着举足轻重的作用。通常打击乐器通过对乐器的敲击、摩擦、摇晃来发出声音。但是不要认为打击乐器仅能起加强乐曲力度、提示音乐节奏的作用,其实,有相当多的打击乐器能作为旋律乐器使用。今天,在现代管弦乐队里已经增加了很多非洲、亚洲音色奇异的打击乐器。

(三)铜管乐器

铜管乐器的前身大多是军号和狩猎时用的号角。在早期的交响乐中使用铜管的数量不多。在很长一段时期里,交响乐队中只用两只圆号,有时增加一只小号。到19世纪上半叶,铜管乐器才在交响乐队中被广泛使用。

铜管乐器的发音方式与木管乐器不同,它们不是通过缩短管内的空气柱来改变音高,而是依靠演奏者唇部的气压变化与乐器本身接通"附加管"的方法来改变音高。所有铜管乐器都装有形状相似的圆柱形号嘴,管身都呈长圆锥形状。铜管乐器的音色特点是雄壮、辉煌、热烈,虽然音质各具特色,但宏大的音量为铜管乐器组的共同特点,这是其他类别的乐器所望尘莫及的。

(四)木管乐器

木管乐器从民间的牧笛、芦笛等演变而来。木管乐器是乐器家族中音色最为丰富的一族,常用被来表现大自然和乡村生活的情景。在交响乐队中,不论是作为伴奏还是用于独奏,都有其特殊的韵味,是交响乐队的重要组成部分。木管乐器大多通过空气振动来产生乐音,根据发声方式,大致可分为唇鸣类(如长笛等)和簧鸣类(如单簧管等)。木管乐器的材料并不限于木质,同样有选用金属、象牙或是动物骨头等材质的。它们的音色各异、特色鲜明。从优美亮丽到深沉阴郁,应有尽有。正因如此,在乐队中,木管乐器常善于塑造各种惟妙惟肖的音乐形象,大大丰富了管弦乐的效果。

(五)弦乐器

弦乐器是乐器家族内的一个重要分支,在古典音乐乃至现代轻音乐中,几乎所有的抒情旋律都由弦乐声部来演奏。可见,柔美、动听是所有弦乐器的共同特征。弦乐器的音色统一,有多层次的表现力:合奏时澎湃激昂,独奏时温柔婉约,又因为丰富多变的弓法(颤、碎、拨、跳等)而具有灵动的色彩。

弦乐器的发音方式是依靠机械力量使张紧的弦线振动发音,所以发出的音量受到一定限制。弦乐器通常有四根弦,如小提琴、中提琴、大提琴等。运用手指按弦来改变弦长,从而达到改变音高的目的。

第二节　器乐的演奏

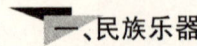、民族乐器

(一)二胡

二胡是民间最流行的一种民族乐器之一。它的演奏技巧非常之多,具有浓厚的民族韵味和独特的风格。二胡的演奏技巧主要分为指法和弓法两大类。指法有滑音、揉弦、拨弦、颤音等演奏技巧;弓法则有跳弓和顿弓、拨弦、碎弓等各种技巧。

在学习二胡的过程中,首先要学好以上的演奏技巧,其次就是自身的乐感了。在演奏时要注意音准、强弱、音色等问题,哪些音该用什么技巧,哪些音不该用技巧,不要随便加上一些技巧,否则,就影响了整个乐曲的风格特点。

二胡演奏参考曲目:

《翻身歌》　　　　　　　　　　　王撷诚曲　王国潼改编
《金珠玛米赞》　　　　　　　　　　　　　　王竹林曲
《赶集》　　　　　　　　　　　　　　　　　曾加庆编曲
《月夜》　　　　　　　　　　　　　　　　　刘天华曲
《河南小曲》　　　　　　　　　　　　　　　刘明源曲
《良宵》　　　　　　　　　　　　　　　　　刘天华曲
《空山鸟语》　　　　　　　　　　　　　　　刘天华曲
《光明行》　　　　　　　　　　　　　　　　刘天华曲
《烛影摇红》　　　　　　　　　　　　　　　刘天华曲
《赛马》　　　　　　　　　　　　黄海怀曲 沈利群改编
《拉骆驼》　　　　　　　　　　　　　　　　曾寻编曲
《怀乡行》　　　　　　　　　　　　　　　　陆修棠曲
《喜送公粮》　　　　　　　　　　　　顾武群、孟津津曲
《喜唱丰收》　　　　　　　　　　　　杨惠林、许讲德曲
《苏南小曲》　　　　　　　　　　　　　　　朱昌耀曲
《山村变了样》　　　　　　　　　　　　　　曾加庆曲
《红军哥哥回来了》　　　　　　　　　　原　野、张长城曲
《三门峡畅想曲》　　　　　　　　　　　　　刘文金曲
《洪湖人民的心愿》　　　　　　　　　　　　闵惠芬曲

(二)琵琶

琵琶是我国民族器乐中极具表现力的乐器之一,它有着自己独特的表现方式。从古至今,随着时代的变迁,琵琶也在不断地发展。据统计,琵琶左右手的指法多达五六十种。这在当今中外乐器中可以说是首屈一指的。宽广的音域、多变的音色和多样的演奏手法,使它的表现力极为丰富。它既能表现活泼流畅、明快喜悦和婉转抒情的曲调,也能表现雄壮激昂、铿锵有力和具有张力的曲调。因此,要想达到对乐曲内涵的完美体现,必须实现演奏技巧与情感表现的统一。因为,演奏技巧与情感表现在琵琶演奏中是相辅相成的两方面,没有演奏技巧根本谈不到情感表现,脱离了情感表现,演奏技巧也将失去它自身的存在价值。

琵琶演奏技巧在琵琶表演中占据重要的地位。琵琶演奏技巧相当丰富,但最基本的指法无非是按弦(对左手而言)、弹挑和轮指(对右手而言)。其他的指

法多是由这些基本指法演变而来。

在弹奏琵琶时,最好能对着镜子练。这样,就可以看清自己演奏的姿势、指法是否有错,便于纠正,有利于演奏水平的提高。

琵琶演奏参考曲目:

《赶花会》	叶绪然编曲
《大浪淘沙》	华彦钧演奏 曹安和记谱
《送我一支玫瑰花》	新疆民歌 王范地改编
《野蜂飞舞》	里姆斯基·科萨科夫曲
《唱支山歌给党听》	朱践耳曲 吴俊生编曲
《天山之春》	乌斯满江、俞礼纯曲 王范地改编
《火把节之夜》	吴俊生曲
《春到沂河》	王惠然曲 李光华改编
《远方的客人请你留下来》	麦丁曲 刘德海改编
《牧场之家》	美国民歌 刘德海改编
《江南三月》	王惠然曲
《黎族舞》	舞剧《红色娘子军》选曲 叶绪然改编
《草原小姐妹》	刘德海、吴祖强曲
《阳春白雪》	古曲
《欢乐的日子》	马圣龙曲
《浏阳河》	徐叔华曲 刘德海改编
《划船曲》	新西兰民歌 刘德海改编
《彝族舞曲》	王惠然编曲

(三)古筝

古筝是我国古老的民族弹拨乐器之一。远在战国时代,就已经流行在当时的秦国境内(即现在的陕西一带),所以又叫秦筝。古筝最初的演奏方法,是用右手弹旋律,掌握节奏,左手在"雁柱"左侧,用按、滑、揉、吟来控制弦音变化,以美化音色,装饰旋律,具有轻弹慢揉风格。

近些年来,古筝在演奏技法上有了新进展,快速技巧成为发展的重点,各个音乐院校在快速指法研究和实践中,都取得一定的成果。

古筝演奏参考曲目:

《纺织忙》	刘天一曲
《南泥湾》	马可曲、闫俐改编
《快乐的啰嗦》	李汧编曲
《渔舟唱晚》	娄树华传谱、曹正订谱

《绣金匾》	陕北民歌、延甲改编
《欢乐的阿佤》	杨正仁作曲、叶申龙改编
《浏阳河》	湖南民歌、张燕改编
《童年的回忆》	傅明鉴编曲
《高山流水》	曹东扶订谱
《洞庭新歌》	王昌元、蒲琦璋编曲
《绣荷包》	邱大成编曲
《花儿与少年》	青海民歌、李婉芬编曲
《高山流水》	山东筝曲、高自成编曲
《庆丰年》	赵玉斋曲
《山丹丹开花红艳艳》	焦金海编曲
《丰收锣鼓》	李祖基曲
《春到拉萨》	史兆元曲
《战台风》	王昌元曲
《井冈山上太阳红》	赵曼琴编曲
《东海渔歌》	张燕曲
《雪山春晓》	范上娥、格桑达吉曲
《幸福渠水到俺村》	沈立良、项斯华、范上娥曲
《银河碧波》	范上娥曲
《春到湘江》	王中山改编
《草原英雄小姐妹》	刘起超、张燕曲
《瑶族舞曲》	刘铁山、茅沅曲、尹其颖移订

（四）扬琴

扬琴又叫蝴蝶琴、扁面琴、打琴和"洋琴"。之所以称为"洋琴"，是因为它是件舶来品，相传在明代传入中国。现在扬琴归属中国的民族乐器类，是中国民族乐队中必不可少的乐器。

扬琴属打击弦鸣乐器，音色鲜明，音量宏大，音域很宽，个性不是很强，因此容易与其他乐器融合，在乐队中能起融合和组织作用。

明朝末年，现今西亚的萨泰里琴由波斯（今伊朗、伊拉克一带）经海路传入我国，最初只流行在广东，后逐渐扩及到闽浙、江淮和中原地区，加入到为说唱音乐和地方戏曲伴奏的行列，萨泰里琴就是扬琴的前身。后来，各地琴书多以扬琴作为主要伴奏乐器，如山东琴书、徐州琴书、安徽琴书、广西文场、贵州文琴、四川扬琴和云南扬琴等。之后，粤剧、潮剧、汉剧、闽剧、越剧和沪剧等地方戏曲音乐中，也都用扬琴作为伴奏乐器。清末民初，扬琴又成为广东音乐、江南丝竹等乐种的

主要乐器。

扬琴在我国经过近四百年的流传和演进,不论在乐器制作、演奏艺术或乐曲创作上,都已具有我国传统特色和民族风格,并与各地民间乐种相结合,形成了多个流派。

扬琴演奏参考曲目:

《金蛇狂舞》	聂耳编曲　杨竞明整理
《黎明舞曲》	新疆乐曲　胡运籍整理
《春光舞》	曾寻曲
《喜洋洋》	刘明源曲
《塔什瓦依》	维吾尔族民间乐曲　胡运籍改编
《喜讯》	桂习礼曲
《龙灯》	李小刚曲
《欢乐的新疆》	周德明曲
《草原上升起不落的太阳》	
《山丹丹开花红艳艳》	
《雨打芭蕉》	广东音乐曲艺团改编　汤凯旋整理
《双手开出幸福泉》	丁国舜曲
《美丽的非洲》	于庆祝曲
《春到清江》	刘维康曲
《节日的天山》	国敏轻编曲
《游击队歌》	贺绿汀曲　梁瑞华改编
《东湖之春》	朴东生曲
《红河的春天》	刘希圣、李航涛曲
《流水欢歌》	桂习礼、瞿渊国曲
《春满江南》	项祖华、樊祖荫曲
《打起锣鼓庆丰收》	田克俭曲
《渔岛月夜》	莫凡曲
《欢乐的火把节》	刘希圣曲
《映山红》	傅庚辰曲　桂习礼编曲
《洪湖随想》	项祖华编曲
《云雀》	罗马尼亚民间乐曲　项祖华改编
《边疆的春天》	紫珏、张学生编曲
《乌苏里船歌》	项祖华改编
《天山诗画》	黄河曲

(五)竹笛

吹奏竹笛有坐、立两种姿势。站立吹奏时,身体要自然、放松,并稍侧向右方,面朝正前,两脚分开呈小八字形,两臂自然抬起,用右手无名指、中指和食指的指肚分别按闭第一、二、三音孔,拇指托住笛身,用左手无名指、中指和食指的指肚分别按闭第四、五、六音孔,拇指托住笛身偏外处。把笛子拿起靠在嘴唇下面,使下唇放在吹孔大约1/3处,笛身微向右下方倾斜。

竹笛演奏参考曲目:

《唱支山歌给党听》
《紫竹调》
《西藏舞曲》
《步步高》
《小放牛》
《春耕曲》
《我是一个兵》
《姑苏行》
《塔塔尔族舞曲》
《扬鞭催马运粮忙》
《喜相逢》
《水乡新歌》
《春到拉萨》
《牧民新歌》
《枣园春色》
《帕米尔的春天》
《牧笛》
《春到湘江》
《姑苏行》　　　　　　　　　　　　　　江先渭编曲
《牧民新歌》　　　　　　　　　　　　　简广易曲
《喜相逢》　　　　　　　　　　　　　　冯子存编曲

(六)葫芦丝

葫芦丝,是簧管耦合振动类乐器,共有高、中、低音三种类型,常用有C、D、F、G等调。各民族间风土人情、地域环境的不同使得葫芦丝这种乐器在构造上也不尽相同。

葫芦丝以葫芦作为音箱,葫芦嘴做吹口。常见的有各自装有一片舌簧的三根长短不一的竹管,并排插入葫芦底部,通体长约30厘米。也有单管、双管或四管的。无论竹管多少,都以中间一根为主管,其余为副管。主管上开七个音孔,前六后一,传统的葫芦丝副管上方不开孔,只在管身底部开通,用塞子堵住,塞子与管身之间有线连接,需要时则用小指将其打开。现在改良的葫芦丝没有使用传统的塞子,而是跟主管一样在管身上方开一音孔。这样更方便于在演奏时对副管音的反复使用,而且控制自如,更加灵活。吹奏时手指控制主管的音孔以奏出不同音高的音。如果主副管同时开启,吹奏时数管齐鸣,旋律只出自主管,副管仅以和谐持续的单音相衬托,产生和声效果,给人以含蓄、朦胧的美感。

葫芦丝音域不像大家熟悉的竹笛那样能达到三个八度以上,通常在九度以内,最多不超过十一度,为民族调式音阶。其音色轻柔细腻,圆润质朴,柔美迷人,极富表现力,深受人们喜爱。无论民乐还是专业舞台,都能听到它演奏的优美动听的声音。

葫芦丝常用于吹奏山歌、小调等民间曲调,最适于演奏旋律流畅抒情的乐曲,如《月光下的凤尾竹》、《情深意长》等就是其经典曲目。

葫芦丝演奏参考曲目:

《苗家姑娘过山来》	王绍禄曲
《阿瓦人民唱新歌》	杨正仁曲
《映山红》	付庚辰曲
《是你给我爱》	徐沛东曲
《妈妈的吻》	谷建芬曲
《军港之夜》	刘诗召曲
《高山青》	台湾民歌
《友谊地久天长》	苏格兰民歌
《桔梗谣》	朝鲜族民歌
《有一个美丽的地方》	杨菲曲
《金凤吹来的时候》	马俊英曲
《侗乡之春》	杨明曲
《会唱歌的金葫芦》	杨建生曲
《少年壮志不言愁》	雷蕾曲
《远方飞来的金孔雀》	何维青曲
《婚誓》	雷振邦曲
《康定情歌》	四川民歌 何源编曲
《阿里里》	彝族民歌
《星星索》	印尼民歌
《弯弯的月亮》	李海鹰曲

《月光下的凤尾竹》　　　　　　　　　　　　施光南曲
《山寨情歌》　　　　　　　　　　　　　　　范睿曲
《山寨之夜》　　　　　　　　　　　　　　　陈立新曲
《阿瓦人民唱新歌》　　　　　　　杨正仁　王铁锤编曲

二、西洋乐器

（一）钢琴

钢琴演奏是脑力与体力相结合的复杂的综合活动，必须经过漫长而艰苦的训练，具备相当的技能才能完成。从最近几年我们接触的考生来看，许多考生是从小开始学习钢琴的，这些考生一般都具备了一定的演奏水平，因此在具体的演奏技能上就不多说了。这里仅谈一点考试应持有的心理状态。

考试时的心理状态与平时是有区别的。每次考试，总有一些考生由于多种因素产生精神紧张，影响演奏水平的正常发挥。因此，调整自己的心态、使自己充分展示才艺并取得好的成绩，是每个考生应该注意的问题。这里我们提出四点建议，供同学们参考。

1. 选择合适的曲目

要选择对自己来说难易适中，能充分展示自己演奏水平的曲目，而不要选择技术复杂、难度大，虽然通过长时间练习，但演奏技术还是难以掌握的曲目。如果选择这样的曲目，参加考试时，势必会加重心理上的负担。

2. 把握演奏的时间

作为展示才艺的演奏，一般演奏的时间都有限制，考生应该把演奏的时间限定在3分钟左右。可以选择完整的曲目，也可以在准备好的乐曲中选择相对完整的一段来演奏，当然，前提是这段乐曲最能展示自己的演奏水平。

3. 背诵乐谱，烂熟于心

运用科学方法背谱背奏，如运用乐谱映像、动作位置、作品分析、综合记忆等方法。胸有成竹是演奏成功的保证。

4. 模拟考试训练

在考试前的一段时间里，考生可以进行一些适应性训练，如调整心态、适应环境、提高内心的承受力等。比如上场、下场、键盘弹奏位置、乐曲的速度做到心中有数。然后按考试要求演奏曲目，不论对与错都不要中断。等全部奏完再作总结，找出问题的原因，以便在下一遍模拟考试演奏中加以修正。

此外，还要增强自身抗干扰能力。在模拟考试演奏中，不论发生什么都要不受干扰，保持平静的心态。要克服别人的议论、走动和其他声响造成的干扰，做到专心致志。

暗语提示对演奏中的心态稳定、技术发挥、表现音乐起着积极的作用。比如告诉自己"一定能弹好",确立成功的信念。当弹错时,暗示自己"将下面弹好"等。

钢琴演奏也是一个复杂的生理、心理过程。考生平时重视心理训练,在钢琴演奏时,具有良好的心态,就一定能成功。

钢琴演奏参考曲目:

《土耳其进行曲》　　　　　　　　　　　　　　　　　　莫扎特曲
《天鹅》　　　　　　　　　　　　　　　　　　　　　　圣一桑
《春之歌》　　　　　　　　　　　　　　　　　　　　　门德尔松
《少女的祈祷》　　　　　　　　　　　　　　　　　巴达尔塞维斯卡
《船歌》　　　　　　　　　　　　　　　　　　　　　柴科夫斯基
《欢乐的牧童》　　　　　　　　　　　　　　　　　　　黄虎威
《无词歌》　　　　　　　　　　　　　　　　　　　　　门德尔松
《绣金匾》　　　　　　　　　　　　　　　　　　　　　王建中
《谷粒飞舞》　　　　　　　　　　　　　　　　　　　　孙以强
《圆舞曲(op. 64 NO.(二))》　　　　　　　　　　　　　肖邦
《爱之梦》　　　　　　　　　　　　　　　　　　　　　李斯特
《波洛涅兹》　　　　　　　　　　　　　　　　　　　　肖邦

(二)手风琴

手风琴音量宏大,音域宽广,音色优美而多变化,能够模仿许多乐器的音色。它既能演奏旋律,又能奏出各种丰富的和声,有很好的表现力。在演奏古典作品、现代作品、民族音乐及管弦乐时都能获得较好的效果,同时,还是一件理想的伴奏乐器,便于携带。正因为如此,手风琴深受人们的喜爱,也成为许多考生展示才艺的项目。

手风琴演奏参考曲目:

《溜冰圆舞曲》
《多瑙河之波》
《小步舞曲》
《牧童短笛》
《快乐的女战士》
《芬兰波尔卡》
《颤抖的树叶》
《圆舞曲》
《巴哈进行曲》
《马刀舞曲》

《霍拉舞曲》
《查尔达斯》
《快乐的啰嗦》
《傣家欢庆泼水节》
《牧民之歌》
《天山晚会》
《回娘家》
《化妆舞》
《波洛奈兹舞曲》
《时光畅想曲》
《二泉映月》
《威尼斯狂欢节》
《旋转的木马》
《北京喜讯到边寨》
《轻骑兵序曲》
《诗人与农夫序曲》
《草原上升起不落的太阳》
《斯卡拉蒂C大调奏鸣曲》
《白毛女》

(三)小提琴

小提琴是提琴"家族"中的高音乐器,有着丰富的艺术表现力。它的音域宽广、音色优美、含蓄,既能奏出轻盈悦耳的旋律,也能发出铿锵有力的和声。在西洋乐器中,小提琴被冠以"皇后"的雅号。小提琴在音乐作品中常常担任独奏部分,也可以用于重奏、伴奏、合奏,以及与其他民族乐器混合使用。

学习小提琴不是一朝一夕的,它是一个长期的学习过程。但是一开始就要有正确的姿势,养成良好的习惯,这些应该在老师的指导下进行。

无论演奏小提琴有多少技巧,这些技巧都是为音准、音色服务的。所以一开始练习,不要追求快速演奏的技巧,而应力求扎实的基本功,养成良好的习惯。

音色,不只是从技术入手,还要多听、多看名家们的演奏,提高自己的鉴赏能力和耳朵的识别能力,通过鉴赏、思考、再实践,长此以往坚持练习,自然会演奏出好的音色。

小提琴演奏参考曲目:
《四季调》
《第一学生协奏曲(第三乐章)》　　　　　　　　　　　　　　　塞茨曲

《e 小调协奏曲（第一乐章）》	柯玛洛夫斯基
《新疆随想曲》	
《八月桂花遍地开》	
《北风吹》	
《布列舞曲》	巴赫
《G 大调小步舞曲》	贝多芬
《小步舞曲》	莫扎特
《新春乐》	茅源
《新疆之春》	
《庆丰收》	张靖平
《渔舟唱晚》	黎国荃
《思乡曲》	马思聪
《苗岭的早晨》	陈钢
《阳光照耀着塔什库尔干》	陈钢
《春节舞曲》	
《民风舞曲》	
《第二十二协奏曲（第一乐章〈带华彩〉）》	维奥第

（四）长笛

以长笛演奏来展示才艺的考生，一般都经过一定的训练，因此长笛演奏的具体技巧，就不赘述了。这里，主要谈谈长笛吹奏时的呼吸问题。

对于一个长笛演奏者来说，要吹奏出优美的音色是极为重要的。要想吹奏出好的乐音，就必须掌握正确的呼吸方法。

长笛演奏参考曲目：

《嘉禾舞曲》	郭塞克曲
《牧童短笛》	贺绿汀
《小步舞曲》	比才
《幽思》	贺绿汀
《乘着歌声的翅膀》	门德尔松
《在内蒙古草原上》	载宏威
《奏鸣曲》	唐尼采蒂
《G 大调协奏曲（第一乐章）》	卡尔·斯塔米兹
《C 大调协奏曲（第三乐章）》	莫扎特
《小协奏曲》	沙米那德
《卡门幻想曲》	

附1：面试技巧

每年，编导及播音主持专业的考生有成百上千，除了笔试外，面试一般会有好几轮。要想在面试的短短几分钟之内给主考老师留下良好的印象，以取得较好的成绩，仅按笔试、面试的几项内容进行准备是不够的，还应按艺术考试的特点，学习和掌握有关的人体语言，通过一定的练习，很好地运用，这样对同学们的考试一定会有很大的帮助。

人体语言主要包括眼神、表情、身姿（坐姿和站姿）、手势、修饰（服饰、发饰）等因素。

科学家的研究成果表明，在人类的沟通方式中，大多数是通过手势、姿态、位置和距离来实现的。无论在任何地方，人们在活动中都存在着人体语言，美国路易斯维尔大学教授雷·伯威泰尔的研究结果表明，人们在面对面的谈话中，有声语言部分只占35％左右，而人体语言部分则占到65％左右。人体语言可以显示出一个人的文化教养、性格特点等。作为考生要清醒地认识这一点。

（1）面部表情。许多考生一进入考场，由于紧张，往往面部表情僵硬，脸上没有一丝笑容，这样给人的感觉就很不舒服。正确的面部表情应该是面带微笑，不管内心多么紧张，都应该保持轻松自信的面部表情。这种表情是需要练习的，同学们在考前要面对镜子多作练习，要仔细地观察自己，了解自己的特点。笑比哭好，这话一点也不错，但笑是有度的，有的人适合微笑，有的人可以笑开一些，这都要因人而异。在练习时，可以自己琢磨，也可以请自己的父母亲友提建议、做指点。

（2）距离。考生上了考场应该与主考老师保持适当的距离，这是一个基本常识。但是有些考生上了考场，就是搞不清自己应站的位置。在面试中我们经常会碰到这样的情况：考生进入考场，起初站得很远，老师与之交流感到吃力。为了交流方便，老师招招手，示意他站近一点，考生又三步并作两步地冲到老师面前，经过两三次调整后才能开始面试，既耽误了考试时间，又使考生和老师的情绪受到影响。这里要提醒同学们的是，进入考场后如果地面上画有记号，比如一个圈、一道线，考生就应站在指定的位置上；如果没有，一般就站在与考官相距三到四米的位置上比较合适。

（3）身姿。身姿也是要注意的，它包括走姿、站姿、坐姿。我们平时走路的姿势，不太为人们所注意，有的人走路喜欢低着头、弯着背，有的人走路喜欢缩着头、抠着胸，有的人走路喜欢左右摇摆，有的人走路会一颠一跳的……凡此种种，平时便罢了，但作为参加艺术专业的考试，以考生的身份出现在考场的目光焦点上,这些缺点就会被放大,给人不舒服的感觉。正确的走姿应该是身体要直,克服左右摇摆的习惯,双手在身体两侧自然摆动,脚尖方向不要过于外八字。每一步跨度要适中,不要过大,也不要过碎。

(4)站姿。站姿要挺拔,面对主考老师,头要正,双肩自然展开,两腿挺直,目光平视。男同学两脚间可以有一个脚宽的距离,这样给人以稳健感;女同学可以稍微丁字步,整个身体不要拘谨,这样给人感觉比较优雅。

(5)坐姿。有的考场中,面试时是面对考官坐着的,坐姿在这儿就显得很重要。我们平时坐姿可以放松些,靠着、倚着、斜着、歪着都没关系,但考试时就不一样了。坐姿一定要端正,最容易出现的毛病是抠着胸、驼着背、仰着头。正确的坐姿是挺起胸,后腰直起,两腿靠拢,双手放在腿上。女同学双手可以叠放,不要跷腿。

(6)眼神。眼睛是人们心灵的窗户。人们通常所说的"他的眼睛会说话"、"他的眼神不定"、"他眼露凶光"、"他有一双稚气的眼睛",等等,这些都说明眼睛给人的信息是重要和多方面的。因此,艺术类的考生面试时,眼神是非常重要的。有的同学初上考场,不知道眼睛该往哪里看,不是向下看,就是向上看。还有的同学进入考场后眼神不定,东看看,西看看,好像心神不宁,又好像在找东西。这样的例子很多,就不一一列举了。正确的应该是眼睛看老师。如果考场上有几位老师,考生在进入考场后不要光注视中间的老师,而应该把每位老师都看到,仿佛是用自己自信、诚恳的眼神和老师们打招呼。如果有老师提问,眼睛就要看着提问的老师。当然,在自我才艺展示时眼睛就不要看着老师了,而应平视前方,眼前看见的应是你作品中的意境。

(7)修饰。包括服饰和发饰,这也是面试时的重要环节。服饰对于人的作用是多方面的。在远古时代,人的服饰只是起保暖遮体的作用,但随着社会的发展,它所起的作用和体现出的信息也更丰富了。在一般情况下,服装的款式、色彩能体现出着装者的年龄特征、社会地位、职业特点、兴趣爱好、文化修养等。在不同的场合,着装也是很有讲究的,如出席宴会穿礼服、参加运动会穿运动服、学生上学穿校服、公安人员上班穿警服等。

那么,在面试时,穿什么衣服较合适呢?这也一定是每个考生都会想到和注意的问题。这里我们提一些建议给同学们作参考。在选择服装时应首先考虑的是要符合自己的学生身份,要大方、得体。其次,才是考虑要尽可能地显出自己的特长和个性,因为这毕竟是艺术类的考试。衣裤的搭配不要完全根据自己平时的喜好来选择,可多听听周围亲友的意见和建议。一些常见的问题要注意:身材较瘦小的同学最好不要穿着深色和紧身的衣服,这样会显得身材更瘦小,而应该选择一些浅色、合体的衣服。反之,身材较高大肥胖的同学最好不要穿着浅色、宽大的衣服,这样会显得更臃肿,而应该选择一些深色合体的衣服。

(8)发式。发式也是一个要注意的环节。特别是有些女同学平时喜欢披发,刘海很长,面部遮盖较多,有的甚至遮去半个脸,只露出一只眼睛,这在平时是可以的,但在面试考场就很不合适了。还有的把头发染成黄色的、红色的,甚至杂色的,发型做成旋风式的、爆炸式的,等等,以为这样就是搞艺术的,有个性,其实这些都是不可取的。这反而会显出你的造作、不自然和浅薄。正常的发式应该是自然的色彩、大方的发型,显露着青春、明朗的脸庞。千万别想着借助头发来遮盖和改变自己的脸形,而应该尽可能地体现出自己的青春气息、自然美。

选择哪种类型的才艺表演,这也是要仔细考虑的。有的同学平时就兴趣广泛,具有多项才艺展示的能力,但是要想全部展示是不可能的,因为每个考生的表演时间是统一限定的,不可能让一个人占用许多时间,所以要选择能代表自己最高水平的一项来展示,也就是优中选优。另一种情况是,有的同学平时没有这方面的爱好,也从未受过某项才艺的训练,只是为了报考所选的艺术专业而去准备,"临时抱佛脚"。这种情况就要根据自己的现有条件,选择一些上手较快、表演效果较好的才艺展示项目,如唱歌、朗诵等。千万不要选择乐器演奏类的、需要有一定基础才能让人留下较深印象的才艺展示项目。

选择歌唱表演的同学,在选择歌曲时要注意这样几个方面:

(1)要根据自己的嗓音条件去选择曲目,在歌曲的难易程度上,一定要适中,不要追求那些所谓的高、难曲目,不能超过自身的演唱能力。大曲目唱不好反而会影响考试成绩;而一些适合自己的、难度较低的歌曲,如果在演唱时中声区比较通顺,声音整体没有什么问题,歌曲内容演绎得比较准确、从容,反而能够得到良好的印象。

(2)扬长避短。选择考试曲目要注意发挥自己的优势,避免过多暴露缺点。

有些同学气息较好,可以选择节奏舒缓的歌曲演唱。如果气息较浅,选择舒缓的歌曲就不合适了,应该选择轻快、活跃一些的歌曲演唱。中声区比较好而高音有些困难的,就应该选择中声区比较多的歌曲;中声区一般但高音比较稳定的,就应该选择高音多些的歌曲。有的考生声音比较明亮尖细,就可以选择一些比较民族化的歌曲。

(3)选择合适的伴奏带,对于歌唱者来说尤为重要。因为好的伴奏可以烘托情绪甚至掩盖某些不足,不适合的伴奏却会起着相反的效果。有些同学所选的歌曲伴奏与自己嗓音条件不符,往往是高或者低了半个调,速度和节奏上也不尽合适,现在这些问题都可以借助科技手段来解决了。

一般来说,歌曲选择要注意旋律流畅,歌唱性强的作品和节奏音准比较容易把握。有些歌曲尽管在社会上流传较广,但是品味不高,缺乏艺术性,这些往往不适合艺术考试。选择流行歌曲的考生,要尽量选择一些旋律优美的精品。

选择器乐演奏的同学应注意这样几个方面:

首先,所选乐曲的时间长度。最好是选择那些既能表现出一定的演奏水平,又能在规定的时间内完整地演奏的作品。而不要选择一些前奏、序曲较长的大作品,因为时间有限,还没等你演奏到高潮华彩部分,结束时间就到了,这是非常遗憾的。如果是较大的作品,可选择其中的一段来演奏。总之要考虑到作品相对的完整性。

其次要注意是走进考场后,先要有礼貌地报明曲目,再进行演奏。演奏结束后,也应向老师们打个招呼。而不要一进考场就径直地奔向钢琴,或忙着架好乐器演奏起来。有的考生乐曲没演奏完,时间就到了,夹着乐谱掉头就跑,连个招呼都不打,这样,给老师的印象不好,考试的成绩当然受影响。

附2：2009年全国部分高校影视艺术专业招生一览表[①]

	学　　校	专　业	学历层次	网　　址
华东地区	上海大学	编导	本科	http://www.shu.edu.cn/
	上海师范大学	编导、表演、播音主持	本科	http://www.shnu.edu.cn/
	上海戏剧学院	编导、表演、播音主持	本科	http://www.sta.edu.cn/
	上海师范大学谢晋影视艺术学院	编导、表演、播音主持	本科	http://xiejin.shnu.edu.cn/
	复旦大学上海视觉艺术学院	编导、表演、播音主持	本科	http://www.siva.edu.cn/
	浙江工业大学	播音主持	本科	http://zs.zjut.edu.cn/
	浙江艺术职业学院	编导、表演	专科本科	http://www.zj-art.com/
	浙江传媒学院	播音主持	本科	http://zsw.zjicm.edu.cn/
	河海大学	播音与主持	本科	http://hhu.edu.cn/
	安徽大学	表演、播音主持	本科	http://www.ahu.edu.cn/
	安徽广播影视职业技术学院	编导、表演、播音主持	专科本科	http://www.amtc.cn/
	中国传媒大学南广学院	编导、表演、播音主持	本科	http://www.cucn.edu.cn/
	徐州师范大学	编导	本科	http://bkzs.xznu.edu.cn/
	常州工学院	播音主持	本科	http://www.czu.cn/

---

① 电影、电视、广播等编导专业统称为编导；影视、音乐、舞蹈等表演专业统称为表演。

续表

	学　校	专　业	学历层次	网　址
华东地区	常州艺术高等职业学校	表演、播音主持	高职、高专	http://www.czwyxx.com/zb/
	南京艺术学院	编导、表演、播音主持	本科	http://zhaosheng.njarti.cn/
	南京师范大学	编导、播音主持	本科	http://bkzs.njnu.edu.cn bkzs.njnu.edu.cn/
	同济大学	编导、播音主持	本科	http://www.tongji.edu.cn/
	华东师范大学	编导、播音主持	本科	http://www.ecnu.edu.cn/
	山东艺术学院	编导、表演、播音主持	本科	http://www.sdca.edu.cn/
	山东省青年管理干部学院	播音主持	本科	http://www.sdyc.cn/
	杭州师范大学钱江学院	播音主持	本科	http://qjzs.hznu.edu.cn/
	南昌大学	表演、播音主持	本科	http://www.ncu.edu.cn/
华北地区	中国传媒大学	编导、表演、播音主持	本科	http://www.cuc.edu.cn/
	北京大学	编导	本科	http://www.pku.edu.cn/
	北京工商大学	编导、播音主持	本科	http://www.btbu.edu.cn/
	北京电影学院	表演	本科	http://www.bfa.edu.cn/
	北京盛基艺术学校	播音主持	专科、本科	http://www.sja.edu.cn/
	中央戏剧学院	表演、编导	本科	http://www.chntheatre.edu.cn/
	中央戏曲学院	表演	本科	http://www.nacta.edu.cn/
	天津师范大学	编导、表演、播音主持	本科	http://www.tjnu.edu.cn/
	天津音乐学院	表演	本科	http://www.tjcm.edu.cn/
	河北大学	编导、播音主持	本科	http://www.hbu.edu.cn/
	河北师范大学	编导、播音主持	本科	http://www.hebtu.edu.cn/
	河北艺术职业学院	表演、播音主持	本科	http://www.hebart.com/

附2:2009年全国部分高校影视艺术专业招生一览表

续表

	学 校	专 业	学历层次	网 址
华北地区	内蒙古大学	表演、播音主持	本科	http://www.imu.edu.cn/
	中华女子学院	播音主持	本科	http://www.cwu.edu.cn/
	山西大学	编导	本科	http://www.sxu.edu.cn/
	山西艺术职业学院	表演、播音主持	高职、高专	http://www.sxyz.com/
	承德民族师范高等专科学校	播音主持	专科、本科	http://www.hbun.net/
	广播电影电视管理干部学院	播音主持	专科	http://www.arft.net/
西南地区	四川大学	编导	本科	http://www.scu.edu.cn/
	四川师范大学	表演、编导、播音主持	本科	http://www.sicnu.edu.cn/
	四川音乐学院	表演、编导、播音主持	本科	http://www.sccm.cn/
	四川广播电视大学	编导	专科	http://www.scrtvu.net/
	四川艺术职业学院	表演	专科	http://www.scapi.cn/
	重庆大学	表演、编导、播音主持	本科	http://www.cqu.edu.cn/
	重庆邮电大学	编导	本科	http://www.cqupt.edu.cn/
	成都理工大学	表演、编导、播音主持	专科、本科	http://www.cdut.edu.cn/
	成都艺术职业学院	表演、编导	专科	http://www.cdartpro.cn/
	西南科技大学	表演	本科	http://www.swust.edu.cn/
	西南大学	编导、播音主持	本科	http://www.swnu.edu.cn/
	昆明艺术职业学院	表演、编导、播音主持	专科	http://www.kmac.org.cn/
华中地区	武汉大学	表演、播音主持	本科	http://www.whu.edu.cn/
	湖南大学	编导、播音主持	专科、本科	http://www.hnu.edu.cn/
	湖南师范大学	表演、编导、播音主持	本科	http://www.hunnu.edu.cn/hnsd/
	湖南大众传媒职业技术学院	表演、编导、播音主持	专科、本科	http://www.hnmmc.cn/

续表

	学　校	专　业	学历层次	网　址
华中地区	湖南女子大学	表演、播音主持	专科	http://www.hnnd.com.cn/
	湖南艺术职业学院	表演、编导、播音主持	专科	http://www.arthn.com/
	河南大学	表演、播音主持	本科	http://www.henu.edu.cn/
	河南工业大学	播音主持	本科	http://www.zzit.edu.cn/
	郑州大学	播音主持	本科	http://www.zzu.edu.cn/
	黄河科技学院	编导、播音主持	本科	http://www.hhstu.edu.cn/
	中原工学院	编导、播音主持	本科	http://www.zzti.edu.cn/
	中原摄影学院	表演、编导、播音主持	专科、本科	http://www.zysyxy.com/
	南阳师范学院	播音主持	专科、本科	http://www.nytc.ha.cn/
	湖北艺术职业学院	表演、播音主持	专科	http://www.artschool.com.cn/yixiao/
	湖北民族学院	编导	本科	http://www2.hbmy.edu.cn/
华南地区	广州大学	播音主持	本科	http://www.gzhu.edu.cn/index.jsp/
	广西师范学院	播音主持	本科	http://www.gxtc.edu.cn/
	深圳大学	表演、播音主持	本科	http://www.szu.edu.cn/szu2007/
	海南大学	表演、编导	本科	http://www.hainu.edu.cn/
	暨南大学	播音主持	本科	http://www.jnu.edu.cn/
	广东亚视演艺职业学院	表演、编导、播音主持	专科	http://www.atvcn.com/
	海口经济学院	表演、播音主持	本科	http://www.hkc.edu.cn/
西北地区	西北大学	播音主持	专科、本科	http://www.nwu.edu.cn/
	陕西师范大学	表演、编导、播音主持	专科、本科	http://www.snnu.edu.cn/
	陕西科技大学	编导、播音主持	本科	http://www.sust.edu.cn/

续表

	学　校	专　业	学历层次	网　址
西北地区	新疆艺术学院	表演、编导、播音主持	专科、本科	http://daxue.eduokey.com/university.aspx?uid=591
	西安体育学院	表演、播音主持	本科	http://www.xaipe.edu.cn/
	西安艺术学院	表演、编导、播音主持	专科、本科	http://www.art001.com/Index1.asp/
	西安工程大学	表演、播音主持	本科	http://www.xaist.edu.cn/
	西安外国语大学	表演、编导、播音主持	本科	http://www.xisu.edu.cn/
东北地区	东北师范大学	编导、播音主持	本科	http://www.nenu.edu.cn/
	辽宁大学	表演、编导、播音主持	本科	http://www.lnu.edu.cn/lndx/index.jsp/
	辽宁师范大学	表演、编导、播音主持	本科	http://www.lnnu.edu.cn/
	黑龙江大学	编导、播音主持	本科	http://www.hlju.edu.cn/
	吉林大学	表演、编导、播音主持	本科	http://www.jlu.edu.cn/newjlu/
	吉林师范大学	表演、编导	本科	http://www.jlnu.edu.cn/
	吉林艺术学院	表演、编导、播音主持	本科	http://www.jlart.edu.cn/
	吉林传播学院	播音主持	本科	http://www.jlcbxy.com/
	哈尔滨师范大学	表演、编导、播音主持	本科	http://www.hrbnu.edu.cn/2009/
	沈阳大学	表演、编导、播音主持	本科	http://www.syu.edu.cn/
	沈阳师范大学	表演、播音主持	本科	http://www.synu.edu.cn/
	大连艺术职业学院	表演、播音主持	专科	http://www.dlac.edu.cn/
	长春职业技术学院	播音主持	专科	http://www.cvit.com.cn/
	北华大学	播音主持	本科	http://www.beihua.edu.cn/

后　记

在近几年的广播电视艺术专业考试中,作为主考官,我们总是感到有许多遗憾,需要认真总结和反思。由于一些考生对该专业缺乏必要的了解,每到艺术专业考试前,大都处在迷茫状态中,盲目地四处投考,既浪费了宝贵的时间,也消耗了大量的精力。有的是不了解自己是否具备从事艺术专业发展的基本素质,也有的则是不知如何表现出自己的艺术才能,往往造成专业考试中的失措、落败。这不仅对个人来说是失去了进入高等学府深造的机会,对国家来说也是人才的损失和浪费。所以我做为历年参加广播影视及表演艺术学考试并担任主考官的老师编撰了这本书,以帮助考生解决这方面的问题。在成书的过程中,作者几易其稿,做了认真的修改和补充。南京师范大学出版社对该书做了精心的审稿、加工和修改,并提出了许多积极的建议,对本书的出版做了大量工作,在此表示衷心的感谢!

编　者

2011年10月15日